广西高等教育本科教学改革工程 2019 年度重点项目"基于 OBE 理论的地方医学院校课程质量体系构建及实证研究"(编号:2019JGZ113);广西教育科学"十三五"规划 2019 年度资助经费重点课题"地方医学院校以学生为中心的课堂教学质量评价体系重构——理论与实践研究"(编号:2019A002)的主要研究成果之一

"以学生为中心"的地方院校本科教学质量保障体系研究

柳 亮 著

哈尔滨工业大学出版社

内容简介

本科教学质量保障体系作为高校办学和教学管理的核心内容,是当前高等教育研究领域的重要课题之一。本书以高校特别是地方院校本科教育为对象,基于"以学生为中心"的理念,采用文献分析与案例研究、理论研究与实证研究相结合的方法,阐释我国高校本科教学质量保障体系的现状,提出了"以学生为中心"的地方院校本科教学质量保障体系构建思路,对于当前高校构建本科教学质量保障体系的实践探索具有一定的参考价值。

本书适合高校教育管理工作者以及高等教育科学研究工作者阅读。

图书在版编目(CIP)数据

"以学生为中心"的地方院校本科教学质量保障体系研究/柳亮著. —哈尔滨:哈尔滨工业大学出版社,2020.9
ISBN 978-7-5603-9095-6

Ⅰ.①以… Ⅱ.①柳… Ⅲ.①地方高校-教育质量-质量管理体系-研究-中国 Ⅳ.①G649.21

中国版本图书馆 CIP 数据核字(2020)第 183559 号

策划编辑	闻 竹
责任编辑	苗金英
封面设计	郝 棣
出版发行	哈尔滨工业大学出版社
社　　址	哈尔滨市南岗区复华四道街 10 号　邮编 150006
传　　真	0451-86414749
网　　址	http://hitpress.hit.edu.cn
印　　刷	黑龙江艺德印刷有限责任公司
开　　本	787mm×1092mm　1/16　印张 10.75　字数 187 千字
版　　次	2020 年 9 月第 1 版　2024 年 6 月第 2 次印刷
书　　号	ISBN 978-7-5603-9095-6
定　　价	75.00 元

(如因印装质量问题影响阅读,我社负责调换)

前 言

我国高等教育走到今天,整个社会对高等教育的质量要求不断提高。高等教育质量问题,既直接关系到高等教育的国际竞争力,也关系到一个国家的核心竞争力。质量是高等教育发展的核心主题之一,保证和提升质量是各国高等教育改革与发展的行动纲领。本科教学质量保障体系作为高校办学和教学管理的核心内容,是当前高等教育研究领域的重要课题之一。在高等教育内涵式发展的背景下,对高校本科教学质量保障体系的研究具有重要的学术价值和实践意义。

在广西高等教育本科教学改革工程 2019 年度重点项目、广西教育科学"十三五"规划 2019 年度资助经费重点课题的支持下,笔者撰写了本书。本书以高校特别是地方院校本科教育为对象,基于"以学生为中心"的理念,从理论和实践上阐述了地方院校本科教学质量保障体系的形成和实践过程,提出了一个具有可操作性、理论性和实践性的本科教学质量保障体系,这对于高等院校本科教学质量的提高将起到强有力的推动作用。笔者在撰写本书过程中参考了国内外研究者有关教学质量评价、课程、教育等方面的专著、论文及国家相关政策法规,借鉴了有关的研究成果,在此表示衷心的感谢。

全书共分 7 章。第一章阐释了研究背景和研究现状,研究思路与方法,以及研究价值、创新点与局限性等内容。第二章阐述了以学生为中心、教学质量、质量保障和质量文化 4 个核心概念。第三章追溯了我国高校本科教学质量保障体系的发展历程;以某医科大学为例,分析了学生所认知的本科课堂教学质量评价影响因素,并对我国高校本科教学质量保障体系的现状进行了分析。第四章分别以国内若干普通高校(含综合性、行业性高校)以及医学院校为研究对象,以样本高校的教学质量保障体系相关内容为分析依据,对我国高校以及医学院校本科教学质量保障体系现状进行评估。第五章采用案例研究法,选取同济大学、厦门大学、中国石油大学(华东)、东莞理工学院、南方医科大学、广西医科大学以及美国得克萨斯州农工大学作为典型案例,对这 7 所中外高校教学质量保障体系的实践进行案例分析,为后续的理论和实证研究提供可资借鉴的指标,为构建地方院校本科教学质量保障体系奠定基础。第六章对高校本科教学质量保障体系的目标系统、组织系统、标准系统、资源系统、运行系统、质量评价系统、反馈改进系统等构建要素进行具体分析。第七章主要分析了地方医学院校本科教学质量保障体系的定位,在此基础上构建了"以学生为中心"的地方院校本科教学质量保障体系,并对地方院校本科教学质量文化的培育路径进行了探讨。

  本书具有以下4个方面的特点:一是注重高等院校教育教学质量管理的理论深度,借鉴并吸收相关学科如社会学、系统科学的成果,大胆吸收和借鉴优秀高等教育的成果,以丰富理论基础;二是注重高校教育教学的实用性,理论的阐述密切联系当前教育教学管理与改革实践中的问题,包括高校教育观点问题和实际应用问题;三是文献分析与案例研究、理论研究与实证研究相结合,阐释我国高校本科教学质量保障体系的现状,提出了"以学生为中心"的地方院校本科教学质量保障体系构建思路;四是行文深入浅出、通俗易懂,适合广大高校教育研究和管理工作者阅读。

  鉴于本书的撰写属于初次尝试,内容还存在一定的欠缺,积累和总结的经验未必准确到位,加之作者水平有限,书中难免有不足之处,恳请学界同仁和广大读者批评指正!

作者

2020年6月

目　录

第一章　绪论 … 1
　　第一节　研究背景 … 1
　　第二节　研究现状 … 3
　　第三节　研究思路与方法 … 12
　　第四节　研究价值、创新点与局限性 … 14

第二章　核心概念的诠释 … 17
　　第一节　以学生为中心 … 17
　　第二节　教学质量 … 22
　　第三节　质量保障 … 26
　　第四节　质量文化 … 31

第三章　我国高校本科教学质量保障体系的发展历程与现状分析 … 37
　　第一节　我国高校本科教学质量保障体系的发展历程 … 37
　　第二节　学生所认知的本科课堂教学质量评价影响因素 … 44
　　第三节　我国高校本科教学质量保障体系的现状 … 51

第四章　高校本科教学质量保障体系的文本性分析 … 58
　　第一节　不同类型高校本科教学质量保障体系的文本性分析 … 58
　　第二节　医学院校本科教学质量保障体系的文本性分析 … 69

第五章　高校本科教学质量保障体系案例研究 … 86
　　第一节　同济大学本科教学质量保障体系 … 86
　　第二节　厦门大学本科教学质量保障体系 … 89
　　第三节　中国石油大学（华东）本科教学质量保障体系 … 93

第四节　东莞理工学院本科教学质量保障体系 …………… 96
　　第五节　南方医科大学本科教学质量保障体系 …………… 100
　　第六节　广西医科大学本科教学质量保障体系 …………… 104
　　第七节　美国得克萨斯州农工大学教学质量保障体系 …… 108

第六章　高校本科教学质量保障体系的构建要素 ………………… 111
　　第一节　教学质量保障体系中的目标系统 ………………… 112
　　第二节　教学质量保障体系中的组织系统 ………………… 113
　　第三节　教学质量保障体系中的标准系统 ………………… 117
　　第四节　教学质量保障体系中的资源系统 ………………… 120
　　第五节　教学质量保障体系中的运行系统 ………………… 121
　　第六节　教学质量保障体系中的质量评价系统 …………… 122
　　第七节　教学质量保障体系中的反馈改进系统 …………… 126

第七章　"以学生为中心"的地方院校本科教学质量保障体系构建 … 128
　　第一节　地方院校本科教学质量保障体系的定位 ………… 128
　　第二节　地方院校本科教学质量保障体系的构建 ………… 130
　　第三节　地方院校本科教学质量文化的培育 ……………… 145

附录　高校本科课堂教学质量评价调查表 ………………………… 150

参考文献 ……………………………………………………………… 157

第一章 绪 论

第一节 研究背景

质量是高校发展的生命线,提高高等教育质量是高校永恒的价值追求。高等教育质量关系到人的全面发展和社会的健康发展,关系到国家的核心竞争力和软实力的提升,因而世界各国都十分重视高等教育质量建设。我国高等教育发展的内外环境发生了重要变化,人民群众对优质高等教育的需求日益增长,与优质高等教育资源供给短缺且不均衡的矛盾日趋凸显。高等教育内涵式发展具有时代性,新时代高等教育内涵式发展是以质量为核心的系统发展。2010年,我国颁布了《国家中长期教育改革和发展规划纲要(2010—2020年)》(简称《教育规划纲要》),明确指出:要提高人才培养质量,牢固确立人才培养在高校工作中的中心地位。《教育规划纲要》对高等教育的要求是:全面提升高等教育质量,建设高等教育强国。这一目标的提出,明确释放出一个信号:高等教育质量意识已经成为我国高等教育发展的国家战略。从1999年开始,经过20多年的扩招,我国已基本完成高等教育规模扩张的使命,高等教育在规模上的发展已经不再是我国高等教育发展的主要目标。2019年,我国高等教育的毛入学率达到51.6%,正式进入高等教育普及化阶段。接受高等教育由少数人的特权变成了公民的一项基本权利,这对传统的高等教育理念、办学模式、课程与人才培养方式产生了巨大挑战。一个国家的高等教育进入普及化阶段,意味着高等教育开始成为其国民的基本需求,成为国民职业生涯的"基础教育"。高等教育从精英化、大众化发展到普及化阶段,产生了巨大变革,教育功能、教育理念发生了重大变化,高校治理体制、学术管理形式、教学模式等高校活动均需要创新。从规模扩张向质量提升转变,已经成为我国高等教育面临的最为紧迫的任务。提高高校教学质量,构建系统化、科学化、规范化的教学质量保障体系对我国高等教育事业的发展具有重大的现实意义。

随着大学职能的拓展,人们赋予了高等教育质量越来越多的内涵,从人才培养到科学研究,再到社会服务和文化的传承与创新,应该说大学的每一项职能都具有了质量的含义。但是,从本质上说,高等教育质量的基础和核心是人才培养质量。因为人才培养是大学的基本职能,甚至可以说是大学的本质职能,而科学研究、社会服务、文化传承创新、国际交流合作是大学的衍生职能。探讨我国高等教育的质量问题,其核心问题是解决人才培养的质量。这个问题不解决,高等教育质量问题就失去了根基。从高等教育发展历程来看,重视质量是当今时代的命题,谁轻视质量谁就将被淘汰。宏观层面上,我国已经建立了以高校自我评估为基础,以教学基本状态数据常态监测、院校评估、专业认证及评估、国际评估为主要内容的"五位一体"教学评估制度。微观层面上,我国对高等教育教学质量的监控与评估从认识到实施都起步较晚,高校内部教学质量保障体系还在探索与实践中前行。从历史上看,高等教育质量管理大致经历了4个发展阶段:从中世纪大学诞生到20世纪20~30年代美国教育测量运动的兴起;从教育测量运动到40年代教育评价学的诞生;从教育评价学的诞生到80年代初期质量保障的出现;从80年代后期至今,质量管理的重点放在了质量的改进与提高上。高等教育质量是人们对高等教育产品优劣程度的一种价值判断,属于价值观的范畴。伴随着全球高等教育质量保障运动的兴起,世界各国相继建立了高等教育外部质量保障体系,如盛行于欧美国家的认证、监控和评估等制度。随着《教育规划纲要》各项工作的实施和推进,我国高校内、外部质量保障体系的"拼图板块"也正在一块块形成,新的高校内、外部质量保障体系已经初见雏形。当前,随着我国高等教育内涵式发展的不断深入,学校办学自主权不断扩大,地方院校正面临着前所未有的发展机遇和严峻的挑战。"优胜劣汰"的竞争环境成为地方院校生存和发展中必须面对的重要问题,这种竞争的焦点和核心,就是学校的人才培养质量。因此,加强地方院校的教育理论研究,推进学校内部教学质量建设,构建一套运行有效的、适合本校校情的本科教学质量保障体系是地方院校质量建设工作当中的重要课题,成为地方院校教育教学理论工作者以及管理者所要面临的重要任务。

第二节 研究现状

自 20 世纪 80 年代以来,伴随着高等教育民主化和大众化进程,世界范围内开始了高等教育质量保障运动。国内外高等教育质量保障主体经历了从高校到高校、政府、市场共同参与的转变,高校、政府、市场三者在质量保障中的力量既有冲突也有均衡和制约,并且出现了代表中立立场的中介机构介入教学质量保障,成为教学质量监控和保障的多元利益共同体。在此背景下,国内外学者对高等教育质量保障问题的相关学术研究也不断丰富。现就国内外学者对国内外高等教育质量保障体系研究的成果综述如下。

一、国外研究综述

(一)对高等教育质量保障体系的研究

20 世纪 90 年代,经济合作与发展组织(Organization for Economic Cooperation and Development,OECD)发起了一项关于高等教育机构管理的研究项目。该研究以"质量管理、质量评估和决策过程"为主题,对包括英国在内的 10 多个国家的 30 多个实例开展了研究,阐释了相关各国质量评估的目的、方法和预期成果,并调查了质量评估对高等教育机构管理与决策的影响。

(二)对高等教育质量保障框架与标准的研究

当前,以学生为中心的教育理念已体现在各国质量保障框架和质量标准中,如欧洲高等教育质量保障组织(ENQA)2015 年修订的《欧洲高等教育区质量保障标准与指南》(Standards and Guidelines for Quality Assurance in the European Higher Education Area,ESG2015),重点关注了以学生为中心的学习和教学,其内部质量保障标准围绕学生学习、学生发展和学习产出,对政策规划、学生管理与支持、教师队伍建设、信息管理和定期审查 5 个方面有明确规定,形成了基于以学生为中心的内部质量保障标准。英国、澳大利亚、新西兰等国在相关质量保障规范和实施规定中,也都将以学生为中心的标准作为重点纳入质量保障全过程。同时,国外高校普遍加强以学习结果为导向的质量评估和认证工作,将学习指导系统、创业与可持续发展、学生服务、学生入学率与毕业率以及高校内部管理等作为质量评估考察的指标。建立以学生学习结果为导向的质量保障体系,倒逼高校进行以学生为中心的教育教学改革。

(三)对不同国家高等教育质量保障体系或模式的研究

美国的高等教育质量保证模式是指在高等教育认证机制下非政府、非营利性的认证机构对高等教育质量进行认证,以检查和评估其高等教育质量。伴随质量保障体系的"进化",如今美国大学形成了包含高等教育"外部认证+大学自评估"的质量保证模式。张地珂认为,从教育治理的角度看,经过长期的历史发展,美国已经形成一种治理主体多元化、治理过程规范化、治理组织网络化、治理机制弹性化的内外"双轨制"高等教育质量保障体系。崔军等介绍了美国麻省理工学院的本科教学质量保障情况。麻省理工学院教学促进系统的组织机构分散设立、协同运作,具有清晰的使命与目标、明确的功能定位和专业化的人员队伍。该系统在教学理念、教学研究、课程与教学支持、教师教学发展、教学评价和教育技术应用6个方面积累了成功的运行经验。杨彩霞从学生学习成果出发介绍了美国得克萨斯州农工大学教学质量保障机构、目标、管理、评价等情况。赵炬明等介绍了美国高校本科教学质量保障体系(EQAS)。美国大学的EQAS系统是一个从学校使命到课堂教学的系统,由学校、学院、学系三级,乃至全校所有教师来共同建设和维护。此外,学校通常还设有教学支持中心和院校研究办公室来帮助支持和维护这个系统,旨在培育学校教学质量文化和收集分析教学信息。学校一级有两项任务:一是制定学校的教育使命;二是决定本校通识教育的学习内容和效果评价方式。学院一级教学质量保障的重点是专业质量。学系一级负责课程矩阵和课堂教学质量保障。孙美荣介绍了美国耶鲁大学本科教学质量保障体系。教学与学习支持系统及内外部教学质量评估体系是耶鲁本科教学质量保障体系的核心。

哈洛德西欧沃的《国家学位授予委员会和英国高等教育的质量保障》研究分析了英国大学学位管理委员会在促进高等教育质量水平方面的作用。罗斯·布朗的《90年代以来英国高等教育质量保障发展研究》深入分析了20世纪90年代以来英国高等教育质量保障发展历程,并从组织、评估、定义以及方法等方面展开了深入分析。彭正霞等介绍了英国高校"质量文化"及内部质量保障体系,包括组织机构、保障的主要内容、采用的主要方法和保障的目的。

胡潇潇等分析了德国大学内部治理的特点,即办学高度自治、充分体现民主,管理理念明晰、行动步调一致,重视服务管理、保障有力,并在此基础上对德国大学的教学质量保障体系进行了梳理。德国的高等教育评估分为外部评估和内部评估两类,共同组织了较为完善的高等教学质量保障体系。德国高校外部评估一般由专业评估机构实施而非政府操作,另外德国高校也不进行全校性评估,而是以学科专业为切入点进行诊断,评估周期也相对较长(5—8年一轮)。德国高校普遍建立了由院系为主组织的常态化的教学评价机制,有效提升了教学运行和质量保障水平。

有学者提出,日本的高等教育质量保障可以划分为3个不同的阶段:基于许可的质量控制时代、基于院校自查的外部质量保障时代、目前被积极提倡但仍不确定的内部质量保障时代。在不确定的内部质量保障时代,基于各利益相关者对第三方认证与评估效力的质疑,日本高等教育系统提倡高校引入内部质量保障机制,并发布了针对内部质量保障的指导原则。

二、国内研究综述

1995年,陈玉琨教授在国内首次明确、系统地提出了"建立教育质量保障体系,加快我国教育改革步伐"的建议,引起一些学者和高校的普遍关注和重视。为了改进高等院校教学质量建设的现状,长期以来,我国高等教育理论工作者做了许多改革和尝试,取得了一定的成绩,形成了一系列的研究成果,为本研究提供了较为丰富的研究素材和研究启示。

(一)对不同办学层次高等教育质量保障体系的研究

目前,国内学者针对不同办学层次的特点,开展了高职教育、本科教育、研究生教育和成人高等教育等方面的教育质量保障研究。在高职院校质量保障体系研究方面,洪贞银在分析研究我国高等职业教育的理论和实践的基础上,结合高职院校人才培养的特点,对高职院校教学质量保障体系进行了全面的探讨。林家好阐释了高职院校教学质量保障体系的基本内涵,分析了存在的主要不足,提出了进一步推进高职院校教学质量保障体系建设的思考与建议。在本科教学质量保障体系研究方面,贾莉莉通过追溯国内高校本科教学质量保障制度的发展历程,提出了国际视阈中基于专业认证的本科教学质量保障体系。熊志翔对本科院校的教学改革、学术发展和师资建设等内部保障做了专门的研究。在研究生教学质量保障体系研究方面,张雪生等对学生参与研究生教学质量监控的合理性进行了系统的论证,并尝试构建一个完整的参与体系,从现实角度对学生参与研究生教学质量监控的发展趋势进行探讨。在成人高等教育教学质量保障体系研究方面,季贤等在认真分析研究制约成人高等教育教学质量的因素的基础上,提出了建立成人高等教育教学质量监控与保障体系的基本原则,分别建立起了教的质量监控体系、学的质量监控体系,以及相应的信息处理和反馈系统,从教和学两个方面来进行成人高等教育的教学质量监控和评价。

(二)对不同办学类型高等教育质量保障体系的研究

根据不同的办学类型,目前国内研究者对研究型大学、地方院校、独立学院、民办高校、行业院校等方面的质量保障研究均有涉及。王瑞等分析了地方院校教学质量保障体系存在的问题及成因,提出了优化地方本科院校教学质量保障体系的途径。徐硕等指出了财经类高校教学质量保障体系的不足之处,提出了系统的完善和改进举措。林冬华等认为目标行为模式、决策评价模式、质量环、全面质量管理、良好本科教育七原则是教学质量保障重要的理论基础,并以华南师范大学为例,阐述了本科教学质量保障的实践探索、现存问题与未来改革方向。雍成纲等结合国防科学技术大学本科教学管理改革实际,从制定质量标准体系、完善质量监控体系和健全质量长效机制3个方面,阐述了本科教学质量保障体系建设的探索与实践。陈冬松在分析地方工科院校内部教学质量保障体系建设缺失的基础上,进一步研究与构建地方工科院校内部教学质量保障体系建设的框架,并从不同层面深入地解释与分析。提出地方工科院校内部教学质量保障体系建设构架主要包括教学质量决策系统、教学质量目标定位系统、教学资源管理系统、教学过程管理系统、教学质量监控与运行系统5个基本要素,并分析了不同要素在教学质量保障体系建设中的地位、角色及其相互关系,从而进一步阐明各要素及其特点和相互关系。田兴洪等以长沙理工大学本科教学质量保障体系为主要样本,借鉴高校本科教学质量保障体系理论研究的最新成果,将地方理工院校本科教学质量保障体系的结构特征和内涵概括为"一二三四":"一中心",即以学生发展为中心;

"二形态",即静态的制度性质量保障体系和动态的教学运行质量保障体系;"三层次",即学校、学院以及专业三级本科教学质量保障体系;"四维度",即办学定位与培养目标维度、组织框架维度、支持资源维度和教学质量控制维度。景汇泉等以沈阳医学院为例探讨了地方医学院校教学质量保障体系建设。该校构建了一套由决策与指挥系统、信息收集与监控保障系统、分析与评价系统、反馈与调控系统4个部分组成的三维立体质量监控体系。何啸峰等构建了教师、学生和管理人员三主体翻转协同创新的"三转"(教师:由课堂主体地位转向课堂主导地位;学生:变被动学习转向自主学习;教学管理者:由检查考核督促转向激励自强引导)独立学院教学质量保障模式。钱磊等结合苏州大学文正学院教学质量监控体系的现状,着力于应用型人才培养目标,从质量标准建设、组织和制度保障建设、构建人才培养评价体系、构建教学质量保障环路4个方面对构建内部教学质量保障体系展开探索和研究。张浩等通过考察7所研究型大学的审核评估自评报告,梳理高水平大学教学质量保障体系的现状,在教学质量保障体系的构建、质量监控的建设、教学质量信息的利用和质量改进等方面提出了有针对性的改进措施。中山大学确立"以学生为本,实现全过程的教学质量管理"的理念,构建研究型大学本科教学质量长效保障体系。华中农业大学立足"学者为本、学生至上、学院主体",以发挥教师、学生、学院主动性为出发点,形成了由决策管理体系、质量监控体系、评价激励体系、信息反馈体系构成的"四位一体"有校本特色的教学质量保障体系。在民办高校教学质量保障体系研究方面,郑建林认为,民办高校的教学管理工作可通过设立教学指导委员会、建立教学督导制度、实施教学评价制度、采取学生评教方式、健全教学检查制度、建立学生信息员制度、健全领导听课制度等措施,构建运行有效的教学质量监控体系,为提高民办高等教育教学质量提供重要保障。

(三)对高校教学质量保障体系的研究

陈玉琨等基于系统论,认为高校教育质量保障组织体系应包括:指挥系统、信息收集系统、评价与诊断系统、信息反馈系统、审计系统、辅助系统6个子系统。叶林祯阐述了高等教育质量保障、教学评估制度和高等院校教学质量保障体系的相关理论,并以南昌大学本科教学为例,探讨构建和实施本科教学质量保障体系的理论与实践,进而提出创新高校本科教学质量保障体系的思路。刘树根等从影响高等教育教学质量的主要因素和教学质量管理的基本要素出发,提出以学生成才意愿和教师教育理想为动力,构建师生良性互动的学术共同体;以学术权力为引领、行政权力为保障,构建教育教学质量管理制度和运行机制,最终建立学生意愿、教师理想、学术权力、行政权力"四维一体"的人才培养质量保障体系。吴志强等分析了当前高校内部教学质量保障体系存在的问题,在此基础上构建了基于OBE理念的四位一体(目标保障系统、资源与过程系统、监控与评估系统、反馈与改进系统)高校内部教学质量保障体系。谭晋钰等以审核评估为机遇与路径,提出应重构教学质量保障体系,阐释了"人工+智能"新型教学质量保障体系建设路径。阎满富等分析了唐山师范学院构建的"全方位、全过程"的本科教学质量保障体系。该体系由教学质量目标、教学质量标准、教学组织保障、教学资源保障、教学质量监控、教学质量激励和教学基础设施7个保障系统组成。于彦华探讨了地方高校"三层次"(由质量标准、评价监控、问题分析、信息反馈、质量改进构成的第一层次闭环运行系统,由组织机构和系列制度构成的第二层次支持系统和与5个运行过程紧密配合的第三层次措施系统)本科教学质量保障体系建设与实践。刘明初等以教学要素的多视角分类为逻辑起点,以学校全面质量管理理论和科学发展理论为指导,构建了"力量全员—环节全程—内容全面"的三维质量保障模型,并结合萍乡学院教学建设的实际,为地方高校的三维模型应用提出了力量主导型、内容主导型、时程主导型3种基本路径和选择建议。陈以一介绍了同济大学内部教育教学质量保证体系的建设与实践。同济大学2003年初首先在本科层面,2005年9月起扩展到研究生层面,逐步建立了全方位监控、本研全覆盖、循环闭合、持续改进的教育教学质量保证体系。其主要特点体现在:从教学环节拓展到全因素,从教务系统拓展到全部门,从学校内部拓展到全社会。韩萌等对同济大学、香港中文大学的本科教学质量保障体系进行了比较研究。同济大学"闭环状"的本科教学质量保证体系主要分为教学质量目标与管理职责、教学资源管理、教学管理过程和教学质量监控、分析和改进4个方面。香港中文大学注重自身内部质量教育,各相关职能部门追求学校教学质量发展,从而形成"内生型"的质素(内地称为质量)保障体系。该体系主要包括课程结构与管理、学习资源与学术支持、教师支持与发展和教学监控4个方面。贺祖斌提出了高校教学质量内部保障体系的"六大系统"模式,包括决策指挥系统、运行系统、教学工作评价系统、教学信息系统、教学管理的支持保障系统以及仲裁督导系统。黄和飞等以大理大学为例，探讨了高校本科教学质量内部保障体系的构建与实施。该校以保障和提升本科教学质量为目标，建立了由教学决策与指挥、质量目标与标准、组织与实施、条件支持与保障、质量监控与改进5个子系统组成的"五位一体"本科教学质量保障体系，构建了"五评（评教、评学、评课程、评专业、评学院）、五查（期初、期中、期末、专项、日常检查）、五建设（质量标准、专业、课程、师资队伍、教学学风建设）"的教学质量监控模式，形成了以校院两级同步推进、评建结合的教学质量监控运行机制。戚业国阐释了高校内部本科教学质量保障体系建设的理论框架。他认为高校内部教学质量保障体系建设的技术路线是达成质量共识—分析研究质量生成过程—寻找影响质量的关键控制点—建立关键质量控制点的质量标准—收集关键控制点的质量信息—实施关键控制点质量评价—反馈并应用于质量管理调控—质量持续改进提高。本科教学质量保障体系的建设过程包括7个环节：运用高等教育质量管理理论系统设计（包括质量观的共识形成）；分析学校质量生成，形成质量控制点和质量控制标准；对照理论系统梳理已有教学质量管理的制度、程序、规范、文化等控制措施；教学质量管理体系的补充与系统化；教学质量保障的实施体系构建；教学质量保障体系实际运行；修改完善。张宝昌等对高校内部教学质量保障体系建设进行了成熟度评价研究，提出了高校内部教学质量保障体系建设成熟度评价的设计原则、构建成熟度评价的多维指标体系、分析评价指标体系的内涵以及运用数学方法分析计算指标权重。魏红等基于96所高校内部质量保障体系文本进行分析，认为高校内部质量保障体系应该包含5个要素：①背景保障—人才培养目标和质量标准。包含高等学校的人才培养目标与规格、专业培养目标和各级各类质量标准等环节。②投入保障—教学条件和人力资源。其中教学条件包含教学经费、校舍、实验室、图书馆等建设环节，人力资源包含教师数量和结构、教师培训和发展、学生生源状况等环节。③过程保障—人才培养过程的管理与监控。包含教学管理组织体制、教学建设、教学研究、教学制度、教学质量监控、教学基本状态数据库建设等环节。④结果保障—教学效果评价。包括院系教学工作评估、专业评估、课程评估、教师教学质量评估、学生学习效果评估、毕业生满意度调查、毕业生追踪调查、教学评优奖励等环节。⑤机制保障—质量保障各个环节的评价、反馈和持续改进。李庆丰等认为教育者、教育影响和受教育者是影响教学质量的主要因素，人、时间、空间和信息是高校教学质量管理的基本要素,提出了构建"四维一体"的教学质量保障体系,其中,"四维"即教师教学发展机制、课程发展机制、学生学习发展机制和教学质量监控机制,"一体"即指教学质量保障体系。计国君等运用大数据驱动设计了厦门大学本科教学内部质量保障的闭环体系,提出本科教学内部质量保障体系应从关注定性质量转变为注重定性定量质量结合、从关注表象质量转变为注重内涵质量、从关注制度建设转变为注重质量文化、从关注质量的部分环节转变为注重质量的全生命周期环节,从而建立人才培养质量的有机协同机制,实现对人才培养全过程的闭环质量监控。

(四)对高校教学质量保障体系不同视角的研究

从不同的视角对教学质量保障体系进行研究能发挥不同视角的优势,弥补研究的不足。乔浩风从学生课程参与的视角对本科教学质量保障体系进行了分析,提出教育行政部门、学校与教师要形成合力,更新教师的教育理念,创设有利于学生课程参与环境,激发学生课程参与意识,在理论上加强学生课程参与研究,以提高学生课程参与程度。王能河等以分类指导的视角提出了构建地方高校本科教学质量保障体系的构建原则(分类指导性、以人为本、育人为先,目标性,全面性,多维性)和基本模式。赵春鱼等在对美国罗切斯特理工学院教授埃尔汉·摩尔根(Erhan Mergen)等人提出的质量分层分析框架进行批判和重建的基础上,根据当前我国高校教学质量生成的阶段性特征,提出了一个三维度(设计质量、过程质量、结果质量)的高校教学质量分析框架,并对其进行了实践检验。侯欣娜从系统哲学的视角,依据系统哲学的自组织、结构功能、整体优化、差异协同等基本规律,结合高等教育学、管理学等相关理论对高校教学质量保障体系有效性进行了研究。华尔天等基于产出导向教育理念构建了决策系统、实施系统、管理系统、反馈与修正系统4个系统组成的多元开放式本科教学质量保障体系。徐硕等从系统论视角,指出了高校教学质量保障体系的决策与指挥系统、基础保障系统、质量控制与反馈系统以及调整与改进系统的布局结构,提出了相应的构建举措。

三、研究评述

学术界对我国高校教学质量保障体系的研究主要存在以下特点与不足。

一是我国学者对高校教学质量保障体系研究在1999年以来呈现渐趋发展之势，尤其是2006年以后，随着国家一系列高等教育质量文件的出台，教育部本科教学工作水平评估、专业认证、审核评估等的开展，该领域的研究开始激增。

二是研究者热衷于宏观层次的问题研究，对微观和具体操作层面的问题关注不多。研究主要集中在国家和社会的大背景和高校总体开展的质量保障活动等宏观层面，更注重于高校内部教学质量保障体系的研究，在质量保障与评估的操作技术或方法等微观层面、高校外部教学质量保障体系构建等方面的研究则略显不足。

三是研究方法中理论结合实证的运用尚显薄弱。大部分研究仅处于应然判断的经验层面或逻辑推演层面，常规性总结较多，量化研究和实证研究较少，理论结合实证的运用尚显薄弱。对国外高等教育质量保障体系的研究也仅限于国别比较研究，或者局限于经验探讨和逻辑演绎，以介绍国外的实际做法和总结显见的经验为主，而对其深层次原因和理论基础缺乏深入系统的研究，对于如何借鉴国外经验，来解决我国高等教育教学质量保障体系中具体问题的理论分析较少。

四是研究内容方面大多集中在高等教育质量保障体系的理论基础、体系构建和介绍，且研究深度和广度不够，理论研究趋同，实践指导价值偏弱。对高等教育质量保障体系实践效能的观测、实证及后续改进等实践案例研究较少。

五是对不同办学类型和层次的研究虽都有所涉及，但研究的连续性不足，深度不够。比如对研究生教育质量保障体系和医学院校本科教学质量保障体系的研究数量不多，现有研究以经验总结为主。

六是基于学生视角对高校本科教学质量保障体系的研究相对缺乏。由于我国高校内部教学质量保障体系大多为通过评估和认证而建，其关注点重在更好地适应政府评估的要求，其质量评估标准也大多为资源性和教学性的指标，而反映学生发展和学习的指标并不多见。研究大多集中在学、评、教等领域，对于学生参与、学生体验和学习成果等方面虽有一些研究，但对于学生在教学质量保障体系中的重要性认识不足，很难从现阶段我国的高等教育质量保障系统中听到来自学生群体的声音，或者说相对于其他指标，学生群体的声音还很微弱。

第三节 研究思路与方法

一、研究思路

研究思路大致为"文献梳理与考察＋理论分析→数据记录、分析、总结→个案研究→比较分析→发现不足之处→提出有针对性的优化对策→个案实践"。首先,笔者从国内外高等教育质量保障体系的实际需要及其环境的变革出发,对相关研究概念进行诠释;对现有高校本科教学质量保障体系发展历程及现状进行分析,揭示其所取得的成效和存在的问题。其次,对不同类型高校本科教学质量保障体系进行文本性分析;对不同类型和中外高校本科教学质量保障体系开展个案研究。再次,对高校本科教学质量保障体系的构建要素进行分析。最后,在上述研究的基础上,分析地方院校本科教学质量保障体系的定位和制定原则,提出以学生为中心的地方院校本科教学质量保障体系,并对地方院校本科教学质量文化的培育进行阐释。

二、研究方法

研究方法既是研究赖以进行的工具,又是研究得以发展的基础。本研究力求通过多视角、多渠道、定性研究与定量研究相结合来搜集资料,分析问题,所用的研究方法如下。

(一)文献研究法

文献研究法又称历史研究法,是一种比较古老、用途广泛的基础性资料收集方法。文献研究法旨在通过阅读、分析相关的文献资料,以全面客观、深入透彻地审视某一个问题。通过图书馆、中国期刊全文数据库、外文数据库检索系统等途径大量查询与本课题有关的学术书籍、专著、论文、报告等资料,初步积累与本研究课题相关的文献背景资料。通过查阅和研究国内外相关的政策文本、已有的研究成果以及相关机构公布或内部提供的资料,进一步综合、归纳、分析、整理和挖掘相关数据和文本资料,为本书奠定较扎实的学理基础。

(二)比较研究法

比较研究法是指根据一定的标准,对两个或两个以上有联系的事物进行考察、研究,判断其相似或相异程度,寻找普遍规律或特殊规律的方法。本研究选取北京大学、厦门大学、广西大学、温州大学、华东师范大学、中南财经政法大学、北京航空航天大学、湖南农业大学、南京艺术学院、中国矿业大学(北京)、中央民族大学11所高等学校,以及徐州医科大学、承德医学院、哈尔滨医科大学、长治医学院、广州中医药大学、大连医科大学、温州医科大学、贵州医科大学、福建医科大学、广东医科大学、蚌埠医学院、浙江中医药大学、广西中医药大学、西南医科大学、重庆医科大学、广西医科大学16所医学院校作为样本高校,对各校在学校官网公布的《2018—2019学年本科教学质量报告》进行文本对比分析。

(三)案例分析法

案例分析法又称个案研究法,是研究者结合文献资料对某一研究对象进行分析,并总结归纳事物一般性规律的方法。本研究从国内外高校中选择几所具有一定代表性的高校作为实际研究的样本,为构建我国高校本科教学质量保障体系提出对策建议。选取中国石油大学(华东)、东莞理工学院、广西医科大学、南方医科大学、厦门大学、同济大学(涵盖高水平大学、行业背景院校和地方院校)以及美国得克萨斯州农工大学作为典型案例,对这7所中外高校教学质量保障体系的实践进行分析,研究和探讨构建高校本科教学质量保障体系的可行性模型,以期对我国地方院校本科教学质量保障体系的构建和教学质量保障长效机制的建设起到一定的借鉴和促进作用。

(四)问卷调查法

本研究采用问卷调查的方法,就地方院校课堂教学质量评价学生满意度进行调查,运用SPSS统计工具对数据进行定量分析。

第四节 研究价值、创新点与局限性

一、研究价值

(一)理论意义

教学质量是高等教育的生命线,只有不断提高教学质量才能使自己在激烈的竞争中处于不败之地。从本科教学质量保障体系的理论研究来看,国内从学生角度出发的相关研究不多,而"以学生为中心"的地方院校本科教学质量保障体系从教学的本真价值出发,关注学生的成长与发展。通过对地方院校本科教学质量保障体系的构建,进一步为探索高素质人才培养提供理论支撑。

(二)现实意义

高校人才培养的质量保障主体包括政府、高校和社会3种类型,而高校是教学质量保障的直接主体。目前,我国地方院校是大学生培养的主阵地,因此构建一套适应地方院校特点的,科学化、规范化、制度化的本科教学质量保障体系,对于地方院校的可持续发展具有实践意义。"以学生为中心"的地方院校本科教学质量保障体系研究源自理论,关照实践,为广大高等教育利益相关者重新认识和审视高校教学质量管理及相关问题提供了新的视角和信息。"以学生为中心"的地方院校本科教学质量保障体系更加突出评价方式和学生学习服务支持方式的转变,凸显学生在教学质量保障中的主体地位,也为高等教育管理者、研究者、教师等开展教学评价工作提供了相关思路和方法。

二、研究的创新点

创新点一:理念创新。本研究从学生的视角切入高校本科教学质量保障体系研究,提出"以学生为中心"的地方院校本科教学质量保障体系的定位、制定原则以及框架,为以后的研究者提供了一定参考。

创新点二:体系创新。本研究较全面地反映出高校特别是地方院校教学质量保障体系的整体状况以及学生对开展课堂教学质量评价的需求情况。本研究针对地方院校进行调查研究,使研究具有针对性和代表性,构建了符合地方院校特点的本科教学质量保障体系。

创新点三:实践创新。本研究成果对高校特别是地方院校本科教学质量保障体系建设有一定的指导意义。部分研究成果能为高校所采用、借鉴、参考和研究。

三、研究的局限性

教学质量的提升是高校内涵发展的重要命题,任重而道远。由于高校教学质量保障体系的复杂性,对教学质量的定义、影响因素以及保障措施不同的研究者和高校利益相关者给出的答案不尽相同。本书结合笔者高校教学管理以及教学质量管理的 10 余年理论研究与实践经验,针对高校特别是地方院校本科教学质量保障实践中存在的问题,以学生的视角作为研究的切入点,尝试以学生为中心的理念构建地方院校本科教学质量保障体系,虽然取得了一定的理论研究和实践经验,但受到笔者学术积累和视野的限制,具体到本研究中,也存在一些不足之处,希望在将来的研究中能够弥补和进一步改善。

(一)对于高校本科教学质量保障体系的理论基础研究需要继续深入

影响教学质量的因素较多,内在联系较复杂且互相制约,难以进行量化衡量,故学术界只对各种因素对教学质量的影响效果进行了相关性讨论,有可能疏忽一些新变化趋势对教学质量的影响。随着科学技术和社会的整体进步,影响教学质量的各种因素的内涵和表现形式都会产生动态发展,因此需要据此改变本科教学质量保障体系的相关构架和建设标准,为本研究的继续深化提供广阔空间。

(二)实证研究存在局限性

虽然本书通过大量文献研究、比较研究、案例研究和调查研究以期为实证研究打下坚实的理论基础,但受制于客观条件以及笔者的时间和精力,再加之研究的目的旨在从学生的视角探讨地方院校本科教学质量保障体系的构建,因此在问卷调查方面,只做了学生的调查,而且调查研究对象局限于某地方院校的在校大学生,缺乏对毕业生的调查,也缺乏对专家、教师、行政管理人员的相关调研和访谈,因此研究内容和结论存在一定的局限性,教学质量保障体系的适用性还有待于进一步验证,相关研究还需要深入和拓展。在未来的研究中,通过扩宽调查学校和调查对象(毕业生、用人单位、专家、教师、行政管理人员),增加样本量,在实证研究的基础上进行调查,可能会有新的发现和新的思考。

第二章 核心概念的诠释

第一节 以学生为中心

20世纪中期,美国学者提出的"以学生为中心"本科教育理念引发了本科教育基本观念、教学方法和教学管理的系列变革,给世界高等教育带来了巨大影响。"以学生为中心"的教育理念,旨在倡导学校教育的一切改革均应以有利于学生的发展为出发点和落脚点。这一理念的产生有着深厚的历史渊源和独特的理论内涵,并且经历了实践的反复与诘责。目前,"以学生为中心"的本科教育教学改革已成为国际高等教育的必然趋势。

一、以学生为中心的教育理念的提出与发展

"以学生为中心"的教育理念发轫于古希腊的理性人本主义传统,经由欧洲文艺复兴时期世俗人本主义和费尔巴哈生物学人本主义的补充,发展成为现代西方非理性人本主义支配下的教育观念。"以学生为中心"的教育观是人本主义思潮与心理学、教育学相结合的产物,是对"科学本位论"和"社会本位论"教育观的批判与抗争。"以学生为中心"的理念是从美国儿童心理学家、教育家杜威的"以儿童为中心"的思想观念中演化而来的。19世纪末,当杜威在《学校与社会》一书中提出"儿童中心"概念后,海沃德提出"以学生为中心",杜威对此大力支持,并在《民主主义与教育》中给予充分论证,提出教育即成长,教育即生活。1952年,在哈佛大学教育学院举办的"课堂教学如何影响人的行为"学术研讨会上,美国心理学家卡尔·罗杰斯(Carl Rogers)首次提出"以学生为中心"的教育理念,并用其解释一切教育和教学,将其应用到本科教育层面。罗杰斯"以学生为中心"教育理念提出的依据是亚伯拉罕·马斯洛

(Abraham Maslow)的需要层次理论,指导思想是人本主义。在罗杰斯眼中,教授活动(teaching)是一种相对不重要的活动,"以学生为中心"的教育是通过非指导性的教学方法(nondirective teaching)促进学生变化和学习,培养"完整的人"(whole man),即"身躯、心智、情感、精神、心灵融会一体"的人,"他们既用情感的方式也用认知的方式行事"。他认为,"以学生为中心"的教育注重学生生活与学习能力的提高,而不是知识的原始积累;唯一受过教育的人是已学会怎样学习的人,已学会怎样适应和变化的人,已认识到任何知识都不是完全可靠、唯有探索知识的过程才是安全的基础的人。1983年,美国教育质量调查委员会发表了《国家处在危机中:教育改革势在必行》的报告,直接推动了"以学生为中心"教学理念的传播与扩散。在《重塑本科教育:美国研究型大学之蓝图》(1998年)中,博耶明确提出,研究型大学必须加强本科教学,把学校办成"以学生为中心"的研究型大学,最大限度地提高学生的智力和创造能力。在《重塑本科教学:博耶报告三年回顾》(2001年)和《博耶八年回顾:本科教育的十个优秀指标》(2006年)中,博耶重申了"以学生为中心"的教育改革及研究性学习。1998年10月5~9日,在联合国教科文组织召开的世界高等教育巴黎会议上,183个国家的政府代表共同通过了题为《21世纪的高等教育:展望和行动》的大会宣言。宣言指出:"在当今日新月异的世界,高等教育显然需要'以学生为中心'的新视角和新模式。"这标志着"以学生为中心"的本科教育理念逐渐成为全世界越来越多教育工作者的共识。这是"以学生为中心"首次见诸联合国机构的正式文件。

欧洲学者对"以学生为中心"的理念进行了扩展,他们更强调"以学生为中心的学习"。20世纪80年代,欧洲学者开始关注和研究"以学生为中心的学习"。"以学生为中心的学习"是一种强调学生在教学过程中的主体地位,以学生可迁移能力培养为导向,以引发学生学习为目的,重视学习效果,与"以教师为中心的传授范式"相对应的一种新的教育教学范式。1986年,学者兰德(Brandes)和金尼斯(Ginnis)出版了《以学生为中心的学习指导》一书,书中首次提出了"以学生为中心的学习"概念,并指出"以学生为中心的学习"是学生要对计划课程负责或者至少对参与选择课程负责,学生应对自己的行为、参与和学习负有百分之百的责任。"以学生为中心的学习"概念首次被官方正式提出是在2009年召开的鲁汶会议上。会议发布的《鲁汶公报》指出:"我们必须重申高等教育机构教学使命的重要性,以及目前正在进行的基于学习成果的课程改革的必要性。'以学生为中心的学习'要求赋予学生充分的自由,革新教与学的方法,建立有效的学习支持和指导体系,课程设计关注学生的需要等。"2012年,《布加勒斯特公报》重申了推进"以学生为中心的学习"的必要性,指出各国教育部门都应该积极推进"以学生为中心的学习",创新教学方法,提供支持性环境,为教师和学生参与大学治理创造条件。随着博洛尼亚进程的推进,欧洲高等教育质量改革重心从输入转向输出,关注对象由"以教师为中心"转向"以学生为中心",教学理念由"提供指导"转向"自主学习"。

  我国古代教育思想一定程度上体现了"以学生为中心"的理念,如孔子提出的有教无类、因材施教等。周光礼等认为,1978年至2012年我国大学教学改革的总体趋势是:打破专业教育人才培养模式和刚性的教学管理制度,推动人才培养从"以专业为中心"向"以学生为中心"转变。这种趋势在制度上的反映就是创新人才培养特区(如北京大学的"元培学院"、清华大学的"清华学堂"、浙江大学的"竺可桢学院"、中国科技大学的"少年班学院")在中国大学的兴起。原华中科技大学校长李培根教授指出,"以学生为中心"教育理念是以发展学生能力为导向的最好体现,应成为高校办学的核心理念。真正的教育应该是以学生为中心的,提高学生自我发展的能力、让学生成为自己想成为的人是教育教学的最好结果。2012年在华中科技大学举办的以"院校研究:'以学生为中心'的本科教育变革"为题的学术研讨会上,学者们一致认为,高校在教育教学活动中坚持"以学生为中心"的理念为导向,不断重视和发挥学生的作用,从学生的角度出发去建立健全相关管理制度是未来高等教育得到长足发展必然要考虑的因素,也将会成为推动高等教育质量提升的内在条件。2016年6月,中国成功地加入了《华盛顿协议》。在《华盛顿协议》中,OBE理念(成果导向教育)被全面接受,并将其贯穿于工程教育认证标准的始终。在理念上,OBE是一种"以学生为本"的教育哲学;在实践中,它是一种培养模式,侧重于在学生受教育后能够获得相关能力。教育部高等教育司司长吴岩指出《普通高等学校本科专业类教学质量国家标准》要把握3个原则,其中的首要原则便是突出"学生中心"。2018年《教育部关于加快建设高水平本科教育全面提高人才培养能力的意见》明确提出:"把人才培养水平和质量作为评价大学的首要指标,突出学生中心、产出导向、持续改进……形成以提高人才培养水平为核心的质量文化。"

二、以学生为中心的定义

目前,学术界对"以学生为中心"的定义尚未形成共识。刘献君认为,"以学生为中心"是指以学生的学习和发展为中心,强调教学、管理和服务理念的转变和教学方法、评价手段的转变。杨秀丽等认为,"以学生为中心"就是指普通高等学校改变传统的"以教师为中心"和"以教材为中心"的教学方式,重视学生在教学中的主体地位,尊重学生的权利、兴趣和需求,利用非指导性的教学方法培养学生接受新鲜事物、学习新知识的能力,促进学生全面发展,使其成为一个"身躯、心智、情感、精神、心灵"融为一体的人。赵炬明等把"以学生为中心"具体定义为:以学生的发展为中心、以学生的学习为中心、以学生学习的成效为中心。洪艺敏认为,"以学生为中心"的教育理念包括3个方面:以学生发展为中心、以学生学习为中心、以学生学习效果为中心。刘毅等认为,"以学生为中心"是一种指引教育实践的价值导向,是一种从教育意义上真正对人的生命意义的尊重,是真正从根本上重新认识高等教育,是学校对学生大爱及真正以学生为本的体现,是学校培养学生独立自主和创新精神以及培养多样化人才的根本指针。结合以上学者的观点,笔者认为,"以学生为中心"可以定义为以学生的学习和发展为中心,在高校教学、管理和服务等方面重视学生的主体地位,尊重学生的权利、兴趣和需求,促进学生全面发展。

三、以学生为中心的主要特点

罗杰斯20世纪中叶在芝加哥大学和威斯康星大学所进行的非指导性(Non-directive)教学实践,杜威20世纪初在芝加哥大学所开展的进步教育(Progressive education)实验,以及后来遍布世界的对于他们的模仿与创新确乎已经表明:"以学生为中心"作为人生观教育的一种思想和方式不仅是理论上的可能,而且是存在的事实。教育以学生为中心,不仅仅体现在学生对专业和内容的选择权上,还要从哲学的高度,从自由发展的意义上,体现在深层次地对生命意义的尊重上,在教育教学活动中处处体现人文情怀。

刘献君指出,"以学生为中心"的教育理念是要把以"教"为中心转变为以"学"为中心,即从"教师传授学生知识"转变为"学生自己发现和创造知识",

从"传授模式"转变为"学习模式"。"以学生为中心"不是指教师与学生角色、身份、地位的高低之分,而是指教学理念、管理理念、服务理念的转变,教学方法、评价手段的转变。以学生为中心强调学生的主体地位,以学生的学习和发展为中心,在教学、管理和服务理念上实现转变,在教学方法、评价手段上实现转变。教学的目的、任务不在"教",而在"学"。教学就是为了学生的成长,因为教与学的所有环节都是为了学生各方面有目的地成长而开展和进行的。从教学设计上看,以学生为中心应重视学生学什么、怎么学、学的效果。从教学原则上看,学生是教学活动的天然主体。以学生为中心就是要转变师生角色,教师成为学生学习活动的引导者、促进者和参与者。而学生不再是知识的被动接受者,而是主动学习者、自主构建者。威廉·巴罗内指出,"以学生为中心"的教育理念基于建构主义学习理论,成功的学习者会把自己以前拥有的知识带到课堂上,把新信息和原有知识联系起来,创造性地运用多种思维来实现复杂的学习目标,同时促进创新思维和批判思维的发展。他认为,"以学生为中心"的教育理念强调学生的主动学习和参与,只有学生的语言、文化和社会背景都发挥作用,学习效果才是最好的,教师应该主动和学生建立积极的关系,引导、鼓励学生积极思考和主动学习,同时要及时转变价值观念,多关注学生成人、成才和成长。学习是一个建构的过程,学生是认知的主体,是知识意义的主动建构者,教学过程中的师生互动、学生积极参与等各个环节都决定了最终的教学质量。从教学评价上看,以学生为中心的教学评价是形成性评价,关注学生高阶思维能力的发展,注重学习过程的评价,重视学生的主体地位,注重评价主体的多元化和评价方法的多样化,更加注重评价的诊断和改进功能。这种评价方式注重学生的个体差异性和发展的独特性,能够充分激发学生多方面的学习潜能,有利于学生形成个性化全面发展的良性循环机制。

　　学校不仅是学生学习的地方,更是学生成长、生活的地方。"以学生为中心"的教育是符合教育内部基本规律的。"以学生为中心"强调了学生在学校的主体地位(不否定教师在教学过程中的主导作用),确定了学校的一切教育教学活动应该从学生的需要出发这一基本原则(不排斥学校对于学生学习效果的评价与检核)。"以学生为中心"是对传统的以学科为中心、以专业为中心、以教师为中心理念的超越。大学应将质量的关注点从学校主体转向学生主体。大学的目的不在于"教",而在于让学生以最有效的方式"学"到东西。因此,必须以学生为中心,重视学生的学习过程、资源利用程度、学习经验以及学习效果。"以学生为中心"的核心要素是指是否真正地关注了学生成长,体验到了学生成长,再进一步就是教师是否"共情"般地感受到了学生的成长,即学生是否在教师的指导下成长。

  教育作为培养人的社会活动,终归要落实到人的培养。大学肩负着人才培养、科学研究、社会服务、文化传承创新、国际交流合作的职能,其中人才培养是大学的基本使命。学生是大学发展的主体,大学的人才培养、科学研究、社会服务、文化传承创新、国际交流合作等活动都应围绕学生的成人、成才进行。因此,大学要充分掌握学生在大学阶段的发展需求,引导学生学会学习,培养学生终身学习的能力,为学生提供符合身心发展特点的个性化教学。大学教育对象的特殊性要求大学教育在"以学生为中心"的改革中必须处理好4对关系,即大学生生理发展与心理发展的关系,大学生全面发展与个性发展的关系,大学生基础发展与专业发展的关系,大学生个人发展与社会发展的关系,帮助大学生摆正知识学习、能力发展和科学研究的位置,教会大学生学会生存、学会学习、学会做事、学会创造。

  对于"以学生为中心"的重要性,李枭鹰认为,"以学生为中心"是大学教育的真谛和使命,是实现学生学习自由、促进学生自主发展、让学生"成为他自己"、创新大学本科人才培养的理性选择。张俊超认为,可以从不同层面对"以学生为中心"进行解读:第一,以学生的发展为中心,根据学生的心理发展水平和状态开展教育活动;第二,以学生的学习为中心,强调学生对知识的主动探索与发展,对所学知识意义的主动建构,使教育归属于"学";第三,以学生的学习效果为中心,根据学习效果进行教学设计和教学评估。

  当然,也有研究者对"以学生为中心"的教育理念含蓄地进行了批判,认为该理念"更加注重学生基本生存动手能力、社会交往能力和职业实践能力的培养,淡化和忽视了高等教育的本质——高深知识的教与学"。

第二节 教学质量

一、教学质量相关概念

  高等教育的本质属性是培养人,我国《高等教育法》规定,高等学校应当以培养人才为中心,开展教学、科学研究和社会服务,保证教育教学质量达到国家规定的标准。教育的质量问题是一个古老的话题,也是一个永恒的话题。有了教育,有了大学,就有了对质量的期待。

"质量"一词有多重含义:哲学上指事物的特性、品质,即内在的规定性;物理学上指物体的轻重;经济学上指"效益"等。教学质量是教育质量的下位概念,要从总体上了解什么是教学质量,首先需要了解什么是质量,什么是教育质量。质量,作为市场竞争的主要手段,一直是企业生存与发展的永恒主题,也是教育发展的核心命题。就高等教育而言,质量是一种院校里所有成员共享的观念和集体的责任,质量是一种文化,而不仅仅是质量程序、技术手段、标准和过程。质量是优化高等教育结构、促进高等教育公平、创升高等教育文化的目标与结果。这种质量诉求外显为两个方面,一方面能够满足国家宏观经济发展的需要,另一方面能够满足社会对人才的需求以及个人对接受高深知识探索的愿望。对于教育质量,《教育大辞典》中有如下表述:"教育水平高低和效果优劣的程度,最终体现在培养对象的质量上,衡量的标准是教育目的和各级各类学校的培养目标。前者规定受教育者的一般质量要求,亦是教育的根本质量要求;后者规定受教育者的具体质量要求,是衡量人才是否合格的质量规格。"潘懋元先生认为:"教育质量是高等教育发展的核心问题,也是高等教育大众化的生命线。精英高等教育要保证质量,大众化高等教育也要保证质量。"英国学者戈林(Green)对已有研究做了较为系统的概括,认为学者们主要从5个类别对高等教育质量进行了界定。第一类是传统的解释,将质量与提供独特而特殊的产品和服务相联系,隐含了排他性的特点,如牛津大学、剑桥大学的教育质量;第二类是以质量与预定规格和标准的一致性为依据,使各类院校可设定不同的质量标准;第三类是强调以高校实现目的的程度为标准,将衡量质量的尺度定义为标准的符合度;第四类是将质量定位于实现高校办学目标的有效性,质量评判标准主要关注高校是否具备明确的办学理念和使命的表述;第五类是将质量定位于高校能否满足顾客(即学生、社会和政府等)要求及其潜在需要。在其看来,高等教育质量是一个多维的、不断变化的概念。它通过一套多维的指标体系来衡量一所高校的表现,本质上是具有满足个人、群体和社会显性或潜在需求能力的特性总和,往往通过受教育者、教育者和社会发展所要求的目标、标准、成就和水平等一套绩效指标体系表现出来。原有的质量问题解决了,新的质量问题又会出现,因此改进质量对于任何一所高等院校来说都是永恒主题。

二、教学质量的定义

对于教学质量的定义，学术界看法不一。刘振天认为，狭义上的教学质量，主要指通过学校教学活动使学生身心发生积极的变化，即学生身心素质的生成。这是从教学活动所产生的结果或产品而言的，是教学质量的核心要义，因为教学在本质上是培养人才的活动。广义上的教学质量，主要指高校对学生身心素质产生重要影响的一切要素与活动的总和的品质。在某种意义上，狭义的教学质量取决于每一影响教学效果的要素质量及其配置和运行的质量。又因为学校的一切要素和过程归根到底是为提高学生身心素质服务的，所以，广义的教学质量还可以称为教学服务质量。张海钟认为，高等学校教学质量广义上是指高等学校的办学质量，也即培养质量，是就整体的人才培养和远期的质量评价而言的，具体是指高等学校所培养的大多数人才的素质、知识、能力等与高等学校培养目标规格相符合的程度，也就是与社会和人自身的发展要求相符合的程度；狭义上的高等学校教学质量主要是指专业与课程教学质量，是指学生通过学习某一专业知识、技能，所形成的能力和素质与专业目标和规格相符的程度。刘金桂等认为，教学质量是指教学效果所达到的水平，它一般体现在培养出来的人才在满足社会需要方面所具备的能力和特性上，包括德、智、体、美诸方面的综合素质与水平。它是教学过程中各个环节工作质量的结果和反映。张卓认为，教学质量是指教师的教和学生的学的双边活动满足既定教学目标的程度。冒荣认为，教学质量是指教学过程及其效果所具有的，能用以鉴别其是否符合规定要求的一切特性和特征的总和。黄刚认为，教学质量是人才培养规格的整体结构，是一个不断发展形成的系统，是学校办学和教学管理的总体成果，是一个螺旋式提高的动态过程。徐向艺借鉴现代质量管理理论，将高校教学质量定义为：反映高校人才培养、满足明确和隐含需要的能力的特性总和。从狭义上讲，教学质量是指符合为满足顾客（即学生、社会和政府等）一定需要而规定的教学标准条件的总和；从广义上说，教学质量是指教学产品、教学工作和服务等符合既定的规格、标准和要求。张欣在发展性教学观的指导下，提出教学质量是指以遵循教育规律为重要前提，教师的教促进学生的学，学生的学反过来提高教师的教，教和学一起发生作用,教学的过程和结果满足高校利益相关者规定或潜在需要的程度。连建华认为,狭义的教学质量是指课堂教学效果达到教学目标的优劣程度;广义的教学质量是指学校进行德育、智育、体育、美育、劳动技术教育完成的工作质量和学生入学后知识、技能、态度情感价值观的发展程度。梁忠环分别从教学本身特征、学生的增值、产品质量观引用到教学领域这3个角度对教学质量这一概念进行了定义:其一,教学质量是指教育所提供的成果或结果满足学校教育目标与标准系统规定的程度;其二,教学质量是指学生经历了一段时间的学习以后,获取相关知识、活动技能及价值观与人类各环境条件及需要相关的程度;其三,教学质量是指在教学过程中,在一定的时间和条件下,学生获得的知识、技能及情感态度价值观达到某一标准的程度,以及各利益相关主体对学生这种发展变化的满意程度。综合以上学者的研究,笔者认为教学质量就是高校人才培养目标的实现程度以及与社会需求的相适应程度。从高校内部来看,教学质量的衡量可以具体到人才培养目标、培养方案、课程目标、课程教学、实践教学等各方面。从高校外部来看,主要是政府、社会、学生、学生家长等外部主体对高校教学的要求与期望。

三、教学质量的内涵

1998年,联合国教科文组织在巴黎召开的世界高等教育大会上的《21世纪的高等教育:展望和行动世界宣言》中指出:"高等教育的质量是一个多层面的概念,应包括高等教育的所有功能和活动、各种教学和学术计划、研究和学术成就、教学人员、学生、校舍、设施、设备、社区服务和学术环境等。高等教育的质量还应包括国际交流方面的工作,知识的交流、相互联系,教师和学生的流动以及国际研究项目等。当然也要注意本民族的文化价值和本国情况。"刘振天认为,学校教学质量其实就是过程质量与结果质量、产品质量与服务质量的有机统一。产品质量与结果质量规定过程质量与服务质量并以后者为条件,过程质量与服务质量服从于结果质量与产品质量并以后者为目的,提高产品质量或提高学生素质,以提升服务质量和过程质量为前提和基础。这就是高校在实现培养高素质专门人才目标过程中特别重视提升服务质量与保障水平的原因。

高校教学质量有其个性特征:一是高校教学质量是一个发展性的概念。

满足高校外部主体的需求是要体现发展性,要让政府满意、社会满意、学生满意和学生家长等外部评价主体满意。在满足主体需求上要体现发展性,既要满足外部主体的眼前需求,更要主动考虑外部主体的长远发展需求;在满足外部主体(主要是学生)的需求程度判断标准上要体现发展性,即把学生的发展与提高看作是学校对学生和社会的贡献。因而,也把它看作是衡量学校办学质量标准最重要的依据。二是高校教学质量是一个相对的概念。与所有领域的质量相类似,高校教学质量常常会随时间、空间等相关条件的变化而发生认知、评判上的差异。高校教学质量的相对性,表现在不同国家或地区、不同发展阶段、不同需求主体,以及不同需求对其的不同要求与期望。此外,高校教学质量的相对性还表现为,教学质量高低优劣的评价还要相对于不同学校各自的定位与具体的人才培养目标。

高校教学质量的评价主体应该是多元的。宏观上应包含政府、高校和社会,微观上应包括家长、教师、学生、用人单位等。这些主体由于立场、观点与需求不同,对什么样的教学具有质量所给出的评价肯定也不同。另外,不同时期或不同社会,各主体与高校间的关系不同,在高校教学质量评价中的地位及所起到的作用会存在很大的差异。比如,20世纪之前,精英化时代的高等学校有如象牙塔,与社会生活缺少联系,那时的教学难以引起外界关注,因此,高校教师和学者成为教学质量居主导地位的评价主体,他们奉行学术自由、教授治校和大学自治理念,是否研究和传授高深学问、追求学术内在价值成为评价高校教学质量的至上准则。随着高等教育的不断发展,从精英化到大众化再到普及化,高校与经济社会的联系日益广泛、密不可分,高等教育的利益相关者已经拓展到用人单位、社会等,学生、家长及用人单位这些评价主体的地位和作用越来越重要。

第三节 质量保障

一、质量保障的定义

有关质量保障的概念,学术界尚未完全形成共识。质量保障(Quality

Assurance)一词最早来源于工商界,是指制造商或生产商为确保产品或服务提供给用户的以达到预定目标、使客户满意的过程。质量保障于20世纪80年代末90年代初流行于高等教育领域。瓦伦(Wahlen)于2006年提出了质量保障的定义,认为它强调质量评价和质量管理。不仅强调质量的保持,而且强调质量的持续改善。陈玉琨等认为,质量保障就是质量评价与质量控制活动的进一步深化与系统化。黄福涛认为,质量保障是以保障和提高教学质量为目标,高等院校通过运行系统的概念和方法,设置必要的组织机构,把各部门、各环节的质量管理活动严密地组织起来,对影响教学质量的一切因素实行有效监控,形成一个有明确任务、职责、权限,相互协调、相互促进的质量管理有机整体。与质量保障相关的词语还有很多,比如教学质量保障。王能河等认为,教学质量保障是高等教育为了适应内外环境,保证教学质量与资源效益的共性效应,而构建高校本科教学质量保障体系,它是一项复杂的系统工程。

关于教学质量保障体系的概念,学术界也尚未形成统一认识。夏建国等认为,教学质量保障体系就是把对教学产生重要影响的教学管理活动有机地联结起来,形成一个能够保障和稳定提高教学质量的、有效的整体。它既与学校其他管理系统(如科研、设备、人事、财务、后勤等)相互关联、相互依存,构成矛盾统一的整体;同时又具有自己相对独立的、包含不同层次的多元子系统。教学质量保障体系有内部质量保障体系和外部质量保障体系之分。刘振天认为,高等教育质量保障体系,是为确保并有效提高高等教育质量而建立的集目标、资源、管理和运行于一身的一整套系统。外部质量保障体系建构和实施的主体是政府或者社会第三方机构,内部质量保障体系建构和实施的主体则是高校自身。袁锡宾认为,高校内部教学质量保障体系就是全面确保和提高教学质量的校内工作体系。指学校为实现质量方针和目标,运用系统理论的概念和方法,综合发挥目标导向、条件保障、激励约束、监督控制功能,以提高教学质量为核心,以培养高素质人才为目标,在学校内部把教学过程的各个环节、各个部门的活动与职能合理组织起来,形成一个任务、职责、权限明确,能相互协调、相互促进的质量管理系统。戚业国认为,高等教育内部质量保障体系是一连串的系统化链条,是有目标、有标准、有机构、有评价、有反馈和有改进的闭环系统。内部质量保障体系建设的目的是通过对质量生成过程及因素进行分析,寻找质量保障的关键点,运用制度、程序、规范、技术等实施调控,进而实现质量的持续改进与提高。张晓洪等认为,本科教学质量保障体系是指为了保障及提升本科教学质量而建立的贯通本科教学全过程、全要素的一整套体系,它是高等教育质量保障体系的重要内容。从不同侧面看,本科教学质量保障体系包含质量保障的理念系统、活动系统、机构系统、制度系统、文化系统等若干子系统。林杰认为,高校内部质量保障体系是指由高校自行建立的对自身教育质量进行管理和监督的体系;外部质量保障体系是指由高校外部的相关组织,如政府、专业质量评价机构对高校进行质量检查或评估的体系。杨占昌等认为,高校教学质量保障体系是指学校为实现培养目标,运用系统理论的概念和方法,把质量管理各个阶段、各个环节的职能组织起来,对人才培养活动实行体制化、结构化、持续化的监控,对教学过程进行评价和诊断,形成的一个任务、职责、权限明确又互相协调、互相促进,能够保证和提高教学质量的、稳定的、有效的质量管理系统。

不同学者对本科教学质量保障体系有不同的定义。陈玉琨等认为,本科教学质量保障体系是由高校建立的、以提高教学质量为核心的、涵盖人才培养全过程的、强调质量保障体系有效性的内部质量管理系统。李志义等认为,本科教学质量保障体系是以保障和提高教学质量为目标,运用系统概念与方法,依靠必要的组织机构,把各部门、各环节的质量管理活动严密组织起来,对影响教学质量的一切过程和因素实行有效监控,而形成的一个有明确任务、职责、权限,互相协调、互相促进的质量保障的有机整体。

二、质量保障的发展

自 20 世纪 80 年代以来,欧美国家开始盛行教学质量保障运动。美国质量保障的发展方面,美国教学质量评估的重要特点在于政府对评估无权干涉,多以民间专业评估团体为主导,由教育认证体系全程监督,评估重在以学生发展为中心,侧重于实践教学过程评价,评估保障体系比较健全。欧洲质量保障的发展方面,1999 年,为促进欧洲高等教育流动性和提升毕业生就业能力,欧洲 29 个国家加入《博洛尼亚宣言》,博洛尼亚进程(Bologna Process)正式启动。自博洛尼亚进程启动以来,质量保障成为欧洲高等教育一体化推进的重要战略。迄今,欧洲已经建立"欧洲高等教育区(European Higher Education Area,EHEA)",并成立"欧洲高等教育质量保障协会(European Association for Quality Assurance in Higher Education)",还于 2005 年和 2015 年制定和更新了

《欧洲高等教育区质量保障的标准和指南》(Standards and Guidelines for Quality Assurance in the European Higher Education Area)。目前,高等教育质量保障已经成为欧洲高等教育区内部相互交流、相互促进的基础。为进一步促进"以学生为中心"教育理念的落实,欧洲国际研究机构和质量保障机构设计了能力导向的高等教育内部质量管理框架(IQM)。该框架紧紧围绕"学生理论认知能力和职业核心能力"这一核心要素,从能力的确定、筛选、提升和评估等方面入手,全面提升高等教育内部质量。英国采用评估主体多元化评价体系,高校有自主权,政府不予干涉,评估重在突出学生的反馈、高校自我评估与自我检查以及校外同行评审的意见,并且评估结果与教育经费拨款情况直接挂钩,社会评价由专业职业团体签订,社会影响力极大。

我国质量保障的发展方面,始于20世纪90年代教育部开展的高等学校本科教学工作评估以及高职高专人才培养水平评估。社会团体开展的高等工程和高等医学教育专业认证,地方政府开展的学科专业评价,媒体和社会第三方机构开展的大学排名等外部质量评价与保障活动,无不深刻影响着大学内部质量观及质量管理工作。在外部质量评价与保障的带动下,高校内部质量保障体系建设如火如荼地开展起来。与美国、英国等发达国家的质量评估相比,我国本科教学质量评估的理念、主体、内容、方法、结果等方面仍存在诸多不足。

三、质量保障的内涵

对于高校教学质量保障的内涵,在2007年11月召开的第二届欧洲高等教育质量保障论坛(Quality Assurance Forum,QAF)进行了较为权威的界定:质量保障是一种机制,具有管制性,主要目的是为学生有效学习提供保障及通过控制确保高校达到基本办学要求,并接受多元主体的问责。教学质量保障体系从本质上说是一种质量管理制度,是实施教学质量管理的组织结构、资源、程序和过程。

教学质量保障包含的内容很多,涉及教学决策、标准、评估、培训、政策和执行等,是建立在"教学质量是学校的生命线"这一共识基础上的一整套制度和开展的一系列活动。教学质量保障体系是一项综合性的系统工程,既包括教学质量的组织管理、教学质量的监控、教学质量评估和标准的设定,还包括一系列的制度、计划以及教学资源的保障。陈玉琨认为,教育质量保障体系是以对完美的教育质量不断追求为核心的质量文化为基础,接受政府支持与资助,实行校内外合作,全面保障教育质量的组织与程序系统,是现代教育评价的深化、结构化与体系化。高天虹等认为,高校内部教学质量保障体系包括:通过建立科学的教学质量标准、质量管理程序、制度和规章,运用测量和评价等手段,整合内部各类教学资源,从而确保人才培养质量能符合社会、个体、学校的需要,同时形成一个完整的培育组织学习系统,构成一个在质量上能够自我约束、自我激励、自我改进、自我发展的有效运行机制。

人们对于质量的认识以及对质量保障的目的期望总是处在发展和变化之中,而质量保障的目的到底是什么,直到现在也没有一个确切的答案。学者们普遍认为,质量保障的目的主要包括问责(accountability)、依从(compliance)、控制(control)、改善(improvement)以及国际认可(international recognition)等几个方面。建设教学质量保障体系,既是政府等高等教育利益相关者对高校"施压"的结果,也是学校面对高等教育市场压力的主动选择。高校教学质量保障体系建设的过程,是一个利益协调的过程。不同的利益群体必然会坚持其各自的质量要求,会有不同的教学质量观,从而对于教学质量保障有着不同的认识。不同的人或团体都在强调教学质量,但符合某一群体需要的"高质量",可能是另一群体所不能接受的。高校重视教学质量保障体系的构建,是因为它能对教学质量起到诊断、调节、纠正和保障作用,能促进和持续改进教学基本建设和教育教学改革,从而提高教学质量。

从现有的相关研究与实践经验来看,高校教学质量保障体系有3个特征。一是整体性。高校教学质量保障体系应从整体上进行规划与运作,以保证教学质量的持续提高。该体系的建设与有效运行在很大程度上标志着教学质量保障作为一项职能,其是相对独立的、常规的、系统的工作,或者说更多地体现出此项工作的制度化。二是适应性。高校教学质量保障体系建设的一个主要出发点就是要更好地满足政府、社会和学生的需求,密切关注教学质量与外部环境的同步发展。同时,高校教学质量保障体系需根据本校的办学定位与特色来设计与建设。三是主动性。高校自主办学是一种权利,更是一种责任体现。高校通过教学质量保障体系的建设,主动承担教学质量保障的首要责任,这也是维系和拓展其办学自主权的重要前提之一。

本书研究的教学质量保障体系即高校本科教学质量保障体系,特指高校内部教学质量保障体系。综合已有研究,在李志义教授对教学质量保障体系定义的基础上,笔者认为,高校本科教学质量保障体系是指高校以保障和提高本科教学质量为目标,运用相关的理论和方法,依靠必要的组织机构,把本科教学各环节的质量管理活动严密组织起来,对影响人才培养质量的过程和因素实行有效监控,形成的一个有明确任务、职责、权限,互相协调,互相影响,互相促进的质量管理的有机整体。因此,高校本科教学质量保障体系主要解决保障什么、由谁保障、怎样保障3个问题。保障什么涉及保障的内容,比如人才培养目标的实现、师资教学水平的提高、学生学习效果的实现;由谁保障涉及保障的主体,在高校内部,学生、教师、管理人员都是保障主体;怎样保障是指教学质量保障体系的运行流程、保障措施和相关机制等。

第四节　质量文化

一、质量文化的定义

关于质量文化的定义,学术界尚未形成共识。"欧洲大学协会"认为,质量文化是一种旨在永久提升质量的组织文化,由两个部分组成:一是面向质量的文化或心理层面一致认可的价值观、信仰、期望和承诺;二是具有清晰过程的结构或管理成分,旨在提升质量和协调个体的努力。美国学者朱兰认为,质量文化是人们与质量有关的习惯、信念和行为模式,是一种思维的背景。设计并保持满足自我控制标准的职位,是建设积极的质量文化的必要前提。前联合国教科文组织教育助理总干事、英联邦学习共同体总裁约翰·丹尼尔认为,质量文化是指一种长期自然形成的有关质量的意识和观念,比如质量的价值取向、质量的道德伦理、质量的哲学思维、质量的创新意识和质量的行为准则,从而对质量行为和实践起着导向、规范和制约作用,形成一种自身质量的目标、环境、制度、标准和形象等。安心等认为,质量文化是一种以持续提高质量为目标的组织文化,它包括关于提高的程序、结构、管理因素和关于质量的文化、心理因素。王耀辉等认为,所谓质量文化就是企业和社会在长期的生产经营中自然形成的涉及质量空间的意识、规范、法律观念以及风俗习惯和传统惯例等"软件"的总和。它不仅直接呈现为产品质量、服务质量、管理和关注质量,而且还延伸表现为消费质量、生活质量和环境质量,集中体现为民族素质的高低。郑立伟等认为,质量文化是指特定的群体在质量实践活动中逐渐形成的,比较稳固的普遍认知、理念、态度与行为准则、行动方式等因素的总和。徐赟等认为,质量文化是一种组织文化,意在永久地提升质量。它包括两个不同的要素,一是文化/心理要素,涉及有关质量的共同价值观、信念、期望和承诺;二是结构/管理要素,涉及质量管理系统,协调个体努力的质量改进过程。

  对大学质量文化的定义,目前认同人数比较多的是何茂勋提出的定义,即高校质量文化是指高等学校在长期教育教学过程中,自觉形成的涉及质量空间的价值观念、规章制度、道德规范、环境意识及传统、习惯等"软件"的总和。程贞玫认为,高校质量文化是学校在长期的教育实践过程中,全体学生、教职员工为实现学校的质量发展目标而自觉追求和自觉遵守的共同的质量信念、价值观念、道德规范、行为准则、传统习惯和物质环境等的总和。王建华认为,高等教育的质量文化大致可以理解为关于高等教育的质量价值观念和质量行为规范的集合,即在高等教育质量领域占主导地位的价值体系。刘丹平认为,高校质量文化是以人才培养质量为中心,以教育教学质量为主题,以全体师生员工为主体,以教育教学过程为主线的一种文化,是具有高等教育特色的意识形态、行为模式及与之相适应的物质特征的总和,是质量管理层面的技术文化与质量理念层面的精神文化的统一。邱文教认为,高校质量文化是指学校在长期的教学和管理过程中形成的全体成员共同的价值观,它渗透在学校的各项规章制度、管理规范和成员的思想意识中,对学校的教学质量管理起着重要的保障作用,又是学校质量管理行为对全校各项工作影响的结果。范国睿认为,学校质量文化包括学校内隐的观念文化、心理文化和外显的物质文化、制度文化、行为文化等方面的质量追求及体现出的质量品质。

二、质量文化的发展历程

  "质量文化"这一概念最早是由现代质量管理的领军人物约瑟夫·朱兰在其主编的《质量控制手册》(后更名为《朱兰质量手册》)中提出的。大学质量文化理论主要是从企业质量文化中移植过来的,其实质就是企业质量文化在高等教育系统的应用。建设质量文化是 20 世纪 80 年代日本商业管理的成功经验,其基本精神在于使员工、管理者与企业形成质量利益共同体。在高等教育质量建设中,质量文化建设的重要性也日益为人们所认识。高校是特殊的社会组织,其最核心的使命是育人,这决定了大学质量文化与企业质量文化在概念、体系、功能上有着本质区别,高校的质量文化是关于人的文化,它是大学文化的核心组成部分,促进人的全面发展是高校质量的根本要求,因此大学质量文化需要根本解决的是培养怎样的人和怎样培养人的问题。

国外质量文化的发展方面,2009年世界高等教育大会的公报"高等教育与研究在促进社会变革和发展中的新动力"明确提出:质量保障不仅要求建立质量保障体系和评价模式,而且要求促进机构内部质量文化的发展。始于2002年的欧洲"大学质量文化工程",将质量文化的概念纳入大学和质量评估机构的指标体系,成为欧洲大学联合会(European University Association,EUA)推进高等教育质量保障的重要举措。EUA 2005年度大会的主旨是:"真正提升大学教学质量的关键并不在于外部评估和监控,其起点在于大学内部在促进与提高教学质量上所做的持续性工作,这需要大学自身发展出一种良好的内部质量文化。""欧洲大学协会"2002~2006年实施了"质量文化项目",2009~2012年则进行了"质量文化检查",旨在强化高校内部的质量文化建设,形成一种以持续提高质量为目标的文化,把提高教育质量作为大学的共同价值追求和自觉行动;"英国高等教育质量保障署"强调"高等教育质量保障的责任必须落实到院校自身",并特别设立了"质量文化"这一评价标准,形成了一种"内源性"教学质量保障体系。欧洲高等教育质量保障协会在《欧洲高等教育区学位标准和质量保证准则》中的第一条规定就是高校应该态度鲜明地致力于发展质量文化。

我国质量文化的发展方面,1998年以来,随着我国高等教育规模的不断扩张,高等教育质量问题引起了人们的极大关注。部分高等教育的管理者和研究者借鉴企业质量文化理论,开始了对我国大学质量文化建设相关问题的探索和研究,并取得了一定的成果。我国高等教育领域从21世纪初开始对高校质量文化内涵做了开拓性研究与本土化探索,主要形成5种观点:一是要素观。倾向于状态描述,如"三要素说"提出质量物质文化、质量制度文化、质量精神文化三要素,"四要素说"则增加了"质量行为文化"。二是结构观。从层次视角剖析高校质量文化结构,如"三层次论"提出包含外中内三层的同心圆,外层是硬件物质文化,中间层是质量保障制度文化,内层则为质量管理精神文化。三是形态观。既将之看作行为方式、管理模式和运行机制,也看作精神文化、发展理念和团队意识,或者将之分为内隐(观念或心理)和外显(物质、制度和行为)两种形态。四是功能观。认为其具有凝聚、约束、激励、辐射等作用,会促使高校形成特色办学理念,提升办学品质。五是人才观。认为高校质量文化的核心在于人才培养质量,应当"以学生为中心"。

三、质量文化的内涵

国内外学者对于质量文化的认识和理解不尽相同,见仁见智。他们从不同角度诠释了质量文化的内涵。高等教育质量文化是高校群体长期从事质量实践活动的产物,它是建立在高等教育质量核心价值体系基础上的,是深层的、机理性的内容,它影响、左右人的行为方式,但往往又是无形的,难以直接把握的。需要指出的是,高等教育的质量文化不同于企业或其他组织的质量文化,它有其自身的特殊性。一方面,高等教育类型复杂,层次不一,这就决定了高等教育的质量文化应是多元的;另一方面,高等教育的最终目的是促进人的全面发展和满足社会发展的需要,因此,高等教育的质量文化始终是围绕人的发展和社会需要的。研究者们认为,与自上而下的质量监控、质量保障相比,质量文化是一种自下而上的方法,它更强调观念的变化,并且,它可以把情境的多样性纳入考虑,以适应不同的机构质量管理与质量保障的需求,有助于把质量话语转化为质量行动。质量文化不仅包括程序、工具和手段等管理体系的内容,而且涉及价值、承诺和态度等精神心理因素。

国内学者对质量文化的特征进行了研究。董立平等认为,大学质量文化既是一种独特的文化,又是一种管理理论,具有形式的文化性、内容的统一性、基础的一致性、功能的整合性、形成的自觉性、目的的实践性、研究的学术性和结构的系统性8个本质特征。肖川认为,质量文化是一种致力于永久性地提高质量的文化,具有两个特有的元素:一是文化或心理元素,即关于质量的共享的价值观、信仰和期望;二是机构或管理元素,即为提高质量和协调机构工作人员而制定的质量管理程序。何茂勋认为,从文化的角度看,高校质量文化具有实践性、独特性、可塑性、综合性特征;从管理的角度来认识,它具有形式的文化性、内容的综合性、基础的一致性、功能的整合性、形成的自觉性和目的的实践性6个本质特征。何代钦认为,质量文化具有目的性(即追求什么样的质量目标,用哪些指标能够诠释这一质量目标)、稳定性(质量文化并非一蹴而就,而是学校在长期办学实践中不断总结凝练、改进优化而形成的,具有长久的稳定性和可持续性)、影响性(质量文化应在学校办学各个层面都有着鲜明体现,对人才培养模式、教学体系建设、教育管理建设等方面产生实质性影响)特征。

关于高校质量文化的结构,学者有不同的定义。美国质量学会(ASQ)提出的观点比较具有代表性,该学会围绕质量文化成熟度评价框架,将质量文化分为4个级别(检验级、保证级、预防级和完美级,代表质量文化由低到高的成熟度)和4个层次(质量的物质层级、行为层级、制度层级和道德层级)。董立平等认为,大学质量文化的结构主要包括4个层面,即物质层质量文化、行为层质量文化、制度层质量文化和道德(精神)层质量文化。朱永江认为,参照企业质量文化结构与层次特征,高校质量文化也分为4个层面,由物质层面、行为层面、制度层面和精神层面构成。徐娟等认为,质量文化由物质层面、行为层面、制度层面和道德层面构成,这4个层面从低到高共同组成质量文化的金字塔。王章豹等认为,高校教学质量文化的结构可细分为物质行为层文化、组织制度层文化和精神道德层文化3个层次。高海生等认为,从文化生态学的视角来看,高校质量文化结构具有主体性、整体性、动态性(发展变化性)、自律性(约束性)、自由性(非组织性、无序性)、逻辑性(理性)、开放性、相互渗透性、排斥性和主导性等特点。综合上述学者的观点,高校质量文化可大致分为物质文化、行为文化、制度文化和精神文化4个层次。物质文化是高校教育质量文化的重要组成部分,是质量文化的基础,包含大学独特的校园道路、绿化、建筑风貌等育人环境,是可感知的高等教育质量文化事物。行为文化是人们在日常生活和工作中表现出来的特定行为方式和行为结果的积淀,这种行为方式体现着该群体的价值取向,受制度的约束和导向。制度文化是高校为了自身生存和发展的需要而主动创制出来的有组织的规范体系,是文化层次理论要素之一。精神文化是人类在从事物质文化生产的基础上产生的一种人类所特有的意识形态,它是人类各种意识观念形态的集合。

高校质量文化的作用主要表现在4个方面,即激励、规范、引导及团结。其中,激励作用在于有效激发教师的教学热情与学生的学习积极性,促使师生及工作人员形成自我发展与自我学习的意识。规范作用在于有效化解校纪校规、工作准则中的不足,对师生及工作人员的行为与思想产生规范作用,形成自我监督、自我管理的有机整体。引导作用在于创造积极、正面的校园环境与工作、学习氛围,通过良好环境的渗透作用,潜移默化地促进学生形成健全人格,促进教师与工作人员树立积极、正面的价值追求与工作态度。团结作用在于将教师与工作人员的自身发展与自我实现同学校紧密相连,增强对学校办学理念与管理方式的认同感。高校质量文化作为学校文化的重要组成部分,在引领学校卓越发展、塑造学校品牌与形象、统整学校文化、持续满足顾客需求等方面发挥着积极的促进作用,具有引领价值、统整价值、塑造价值、发展价值、愉悦价值。

第三章　我国高校本科教学质量保障体系的发展历程与现状分析

马丁·特罗从毛入学率的角度将高等教育的发展分为3个阶段:毛入学率低于15%的精英教育阶段;毛入学率处于15%～50%的大众化教育阶段;毛入学率高于50%的普及化教育阶段。2019年,我国高等教育的毛入学率达到51.6%。这意味着二十几年间,我国高等教育已经实现了从精英教育阶段到大众化教育阶段再到普及化阶段的跨越式发展。我国正在加快从高等教育大国向高等教育强国的转变。在我国高等教育发展过程中,政府的推动起到了重要作用。我国高校的本科教学质量保障制度先后经历了水平评估、合格评估和审核评估阶段,形成了政府主导外部质量保障政策、院校内部质量保障体系多元化、大学排行榜发挥指挥棒影响等基本特点,教学质量评价范式也实现了从同一标准向多元标准、从硬件建设到软件建设、从重结果到重过程的重大转变。

第一节　我国高校本科教学质量保障体系的发展历程

1985年,《中共中央关于教育体制改革的决定》(以下简称《决定》)要求教育管理部门在扩大高等学校办学自主权的同时,组织教育界、知识界和用人部门定期对高等学校的办学水平进行评估。评估的目的是对成绩卓著的学校给予荣誉,并且在物质上给予重点支持,对于办得不好的学校要整顿以至停办。为保证本科教学质量,教育部根据1998年国家颁布的《中华人民共和国高等教育法》第44条"高等学校的办学水平、教育质量,接受教育行政部门的监督和由其组织的评估"的规定,对全国普通高等学校在不同时期采取了不同形式的教学评估。贾莉莉将我国本科教学质量保障制度的发展分为启动阶段、水平评估阶段、合格评估阶段和审核评估阶段。方鸿琴认为,我国高校教学评估的发展历程可分为探索、试点与发展和制度化3个阶段。笔者认为,从时间上看,我国的高等教育评估可分为5个阶段。

一、高等教育评估的试点阶段(1985—1993年)

如前文所述,《决定》的颁布明确了我国高等教育评估的具体方向,即首先要"确保基本质量"(合格与不合格),在此基础上,进一步提高人才培养质量。1985年6月,国家教育委员会(现教育部)在黑龙江镜泊湖召开了"高等工程教育评估问题专题研讨会",会后出版了《高等教育评估的理论与方法初探文集》,并于11月发出了《关于开展高等工程教育评估研究和试点工作的通知》,对高等工程教育的评估研究工作与试点工作进行了全面部署,并成立了全国性高等工程教育评估委员会和科学评估小组。1986年,在全国范围内开展了以高等工程本科教育评估为主要内容的高等工程教育评估研究和试点工作。

20世纪90年代以来,质量问题引起了人们的广泛关注,正如格林所言:"如果说80年代的关键词是效率,那么90年代的试金石就是质量。"1990年,我国首个高等教育质量评估的官方机构——中国高等教育评估研究会成立,颁布了中国第一部关于高等教育评估的行政法规性文件——《普通高等学校教育评估暂行规定》(以下简称《规定》)。《规定》明确提出:"普通高等学校教育评估的主要目的是增强高校主动适应社会需要的能力,发挥社会对学校教育的监督作用,自觉坚持高等教育的社会主义方向,不断提高办学水平和教育质量,更好地为社会主义建设服务。"《规定》对高校质量评估的目标与功能、评估机构、评估程序和评估方法进行了描述和规定。《规定》还明确了普通高校教育评估的3种基本形式,即合格评估、办学水平评估和选优评估。其中办学水平评估是对已经鉴定合格的学校进行办学水平、学校中专业(学科)、课程及其他教育工作的经常性评估。

《规定》的颁布实施,使我国高等教育评估的理论和实践工作开始走向规范化道路,使国内的高等教育评估的理论和实践研究更深入、广泛。1991年,"全国高等教育评估研究协作组成立大会暨全国教育评估第三次学术讨论会"在天津大学召开,会上宣布成立全国高等教育评估研究协作组,主要任务是组织高等教育界开展高等教育评估的协作研究,参加实践活动,并为国家的有关决策提供咨询或者建议。1992年,国务院批准的《国家教委关于加快改革和积极发展高等教育的意见》中进一步强调:"教育行政管理部门要通过修订专业目录,制定各科类、专业的基本规格和主要课程的基本教学要求,积极开展教学研究和教学评估,建立高等学校的宏观管理和指导机制。"1993年,中共中央、国务院颁布了《中国教育改革和发展纲要》,对于社会主义市场经济相适应的教育体制改革的目标以及相应的高等教育评估的指导方针、地位和作用做出了明确的规定,指出:"建立各级各类教育的质量标准和评估指标体系,各地教育部门要把检查评估学校教育质量作为一项经常性的任务。"这一文件的发布,标志着政府开始转变管理职能,对高等学校的教育质量主要进行宏观的监控。高校一定程度上获得了发展和改革的自主权,同时需要自身承担对教育质量的保证和提高责任。

二、高等教育评估的探索阶段(1994—2001年)

1994年,"中国高等教育学会高等教育评估研究会成立大会暨全国高等教育评估第五次学术讨论会"在长春举行。高等教育评估研究会的成立,为我国高等教育评估的开展和深化发展提供了组织保证。同年,原国家教委开始对各类本科院校进行本科教学工作评估。评估形式和对象主要是:开展本科教学合格评估(对象为1976年以来新建本科普通高校,其目的在于帮助这类学校达到国家规定的基本办学水平和质量标准,参评学校由原国家教委指定);开展本科教学工作优秀评估(对象是进入"211工程"建设的重点高校,其目的在于促进这类学校深化改革和办出特色,参评学校由原国家教委根据学校申请而定);开展本科教学工作随机性水平评估(对象是以本科教学为主、办学历史长的高校,参评学校由教育部随机抽取)。各类本科教学工作评价方案和指标体系中,都把对高校的质量监控作为教学管理的基本指标进行评估。1994~2001年,共有221所高等院校参加了上述3种形式的质量评估。通过这一阶段的评估工作,在很大程度上促进了高校教学条件的改善,高校对本科教学工作更加重视。应该说,开展的3类评估对于提高高校教学水平起到了不小的推动作用。从1998年开始,随着我国社会经济的高速发展以及高等教育规模的不断扩大,高等教育质量问题日益成为当代社会生活中一个越来越被大众关注的话题。为了更好地适应由精英教育向大众教育的转变,有效解决高等教育发展中的质量危机,国家实施了一系列以提高高等教育教学质量为核心内容的标志性工程,如"质量工程",对高等教育教学质量建设产生了巨大的推动作用。

三、高等教育评估的规范阶段(2002—2007年)

2001年,教育部发布《关于加强高等学校本科教学工作提高教学质量的若干意见》,明确提出把本科教学作为提高高等教育质量的重点和关键,并进一步对本科高校开展教学工作评估,对本科教学质量进行宏观监控。2002年,我国高等教育毛入学率超过15%,进入国际公认的高等教育大众化发展阶段。同年,在整合合格评估、选优评估和随机评估3类评估指标体系的基础上,教育部将3类评估合并为一种评估,即普通高等学校本科教学工作水平评估。2003年,教育部印发《关于对全国592所普通高等学校进行本科教学工作水平评估的通知》,初步明确了实施5年一轮的高等学校教学评估制度,即要求高等学校每5年接受一次教学评估。同年,教育部对我国所有的普通高等学校的教学工作开始进行新一轮的全面评估。2004年,教育部发布《普通高等学校本科教学工作水平评估方案(试行)》,对本科教学工作水平评估的指标体系、等级标准和评估结论等进行了详细的规定和说明。水平评估以《中华人民共和国高等教育法》为依据,贯彻"以评促建、以评促改、以评促管、评建结合、重在建设"的原则。水平评估工作包括学校自评、专家组进校考察和学校改进3个阶段。由此,中国高等教育的教学评估工作开始逐步呈现出科学化、规范化、制度化和专业化的特征。同年8月,教育部高等教育教学评估中心成立,其职责是负责高等学校教学、办学机构教学和专业教学工作的评估,教学改革和评估工作的政策、法规和理论研究,以及与评估工作相关的培训和对外交流等。2005年,教育部发布的《教育部关于进一步加强高等学校本科教学工作的若干意见》中指出:"加强高等学校教学工作评估,完善教学质量保障体系。教育部实施定期进行教学评估制度和高校教学基本状态数据年度公布制度,有计划地开展学科专业等专项教学评估工作,逐步建立政府、高校和社会有机结合的高等教育质量保障体系。重视不同类型高校的办学定位和特点,按照分类指导的原则,进一步完善教学工作评估指标体系。要充分发挥教学评估的激励和导向作用,将评估结果作为学校增设专业、确定招生计划、进行资源分配等有关工作的重要依据。高等学校要努力探索和建立本校教学质量保证与监控机制。"2008年,第一轮本科教学工作水平评估工作正式结束。本科教学工作水平评估,是在我国高等教育大规模扩招,高等教育进入大众化阶段后进行的,是国家对高等教育发展的全面审视,对引导高校重视教学基本条件建设、建立和遵循教育教学基本规范、提高高校教育教学水平和人才培养质量发挥了重大作用。水平评估一定程度上可以说是政府主导的对政府所办高校的问责评估。这种评估产生了复杂的评估效应:一是对下级政府和高校进行"捆绑问责",在调动下级政府的积极性,强化地方政府高等教育质量竞争的同时,又促使地方政府与高校结成利益联盟,共同应对问责评估。二是政府成为高等教育质量的问责主体,高校成为问责对象,使得高等教育质量建设成为政府单一主体的事情,不少高校相应出现了对质量评估和质量问责的应付和投机行为。三是产生了"问责悖论"。在高校只是政府的附属机构,缺乏基本的办学自主权的情况下,政府对政府所办、所管高校进行质量评估和问责,实质上成为政府对政府任命的大学领导人、政府的高等教育投入、政府确定的高等教育改革发展政策等方面的评估和问责。从首轮本科教学工作水平评估方案来看,全国高校使用同一标准,指标体系高度关注"三个符合度",但是方案设计的涵盖面太广,量化指标更多的是学校办学的最基础的资源和条件,而定性的质量标准又不易判定。同时,由于学校评估结果与教育资源配置、绩效考核等直接相关,院校之间存在相互攀比心态,评估结果优秀率过高,甚至部分高校投机取巧、弄虚作假,造成恶劣的社会影响;特别是利益挂钩机制迫使被评高校出于现实利益考量向政府这一评估主体妥协,将外部评估的价值取向与目标定位强加于自身,不顾学校实际情况片面迎合政府主管部门的利益诉求,而非出于学校自身发展主动开展本科教学质量评估,没有为检视和改进高校本科教学质量服务。

四、高等教育评估的深化阶段(2008—2017年)

2010年发布的《国家中长期教育改革与发展规划纲要(2010—2020)》提出,以全面提高高校的人才培养质量为高等教育的发展目标,高校的工作以人才培养为中心,并且把教学工作作为教师考核的首要内容,又提出完善教学质量保障体系,明确指出未来十年提高教育质量是高等教育事业发展的中心工作。自2012年党的十八大首次提出"推进高等教育内涵式发展"以来,我国以质量提升为核心的内涵式发展取得了显著成就。党的十八大要求我们必须坚持以科学发展观统领高等教育改革发展,树立科学的高等教育发展观,更加坚定地走以质量提升为核心的内涵式发展道路,统筹协调、优化结构、强化特色、注重创新,全面提高高等教育质量。2012年,教育部发布的《高等教育专题规划》旗帜鲜明地提出2020年高等教育的战略目标为"全面提高高等教育质量,建设高等教育强国"。同年,教育部《关于全面提高高等教育质量的若干意见》重申了高校走以提高质量为核心的内涵式发展道路,明确高校应把本科教学作为基础工作。上述政策一再强调了这一阶段教育质量的重要性,为高等教育的发展指明了方向,高等教育领域的实践和理论研究也更加关注高校的人才培养质量和教学工作。

2013年,教育部出台《教育部关于开展普通高等学校本科教学工作审核评估的通知》。审核评估的对象有两类:一类是参加普通高等学校本科教学工作水平评估获得"合格"及以上结论的高校;另一类是参加普通高等学校本科教学工作合格评估获得"通过"结论且满5年的新建本科院校。审核评估不设指标体系,只是在规定的审核范围内根据学校自设的目标与标准进行评估,结果不分等级,以写实性报告为准,强调建立教学质量标准和教学质量保证体系的重要性。旨在以新一轮审核评估为契机,通过"用自己的尺子量自己",聚焦本科人才的培养质量与培养效果,深化本科教育的中心地位与改革创新,真正发挥审核评估"以评促建、以评促改、以评促管"的引领作用,实现从办学评价转变为发展建议、从定义结果转变为精准指导。审核评估秉持"一个坚持、两个突出、三个强化"的指导思想;坚持"以评促建、以评促改、以评促管、评建结合、重在建设";突出内涵建设、突出特色发展;强化办学合理定位、强化人才培养中心地位、强化质量保障体系建设。审核评估以问题为导向,审查并核实学校在办学过程中与人才培养相关的要素是怎么做的、做得怎么样、如何持续改进的,有益于帮助高校清醒地认识问题、分析原因和制定改进措施。审核评估是质量保证性评估,重点是关注"五个度",即办学定位和培养目标与社会需求的适应度、培养效果与培养目标的达成度、教师和教学资源对高校人才培养的保障度、教学质量保障体系运行的有效度、学生和用人单位的满意度。审核评估的核心是"质量",目的是"保障质量",即要促进高等学校坚持内涵式发展,引导学校建立自律机制,加强质量保障体系建设,强化自我改进,不断提升办学水平和教育质量。审核评估强调学校质量保障的主体地位和人才培养的责任,促进学校制定质量标准,形成办学特色。在审核评估中强调学校是质量保障的主体,主要体现在两个方面:一是要建立完整有效的质量保障体系;二是要开展扎实的自我评估。审核项目"质量保障"包括教学质量保障体系、质量监控、质量信息及利用和质量改进4个审核要素,主要是从教学质量保障体系来考察质量保障状况,把质量信息视为质量管理体系运行的经络与血脉,把从质量监控获得的质量信息进行整理分析后予以及时反馈,才能实现质量改进。审核评估于2018年底结束,有600多所高校参加,包括接受过水平评估的所有高校。

五、高等教育评估的质量引领阶段(2018年至今)

2017年,党的十九大报告强调:"优先发展教育事业。建设教育强国是中华民族伟大复兴的基础工程,必须把教育事业放在优先位置,深化教育改革,加快教育现代化,办好人民满意的教育。要全面贯彻党的教育方针,落实立德树人根本任务,发展素质教育,推进教育公平,培养德智体美全面发展的社会主义建设者和接班人……加快一流大学和一流学科建设,实现高等教育内涵式发展。"党的十九大报告是十八大报告的传承与发展,既有一脉相承的政策连续性,又有与时俱进的制度创新性,同时赋予了新时代教育新的历史使命。

新时代中国高等教育踏上以提高质量为核心、以立德树人为根本的内涵式发展新征程。我国建立了本科教育"五位一体"的评估制度,构建起具有中国特色、世界水平的高等教育质量保障体系。目前,我国高等教育发展的重心从大众化扩张转向内涵式发展,提高教学质量、改进评价方式成为高等教育改革发展中最为紧迫的任务。新时代高等教育评估有两个关键词:教学质量国家标准与三级专业认证。2018年,教育部发布《普通高等学校本科专业类教学质量国家标准》,从国家层面对本科专业教学质量提出了新要求,标志着教学质量保障体系标准化建设取得了重大进展。同年9月,教育部印发《教育部关于加快建设高水平本科教育　全面提高人才培养能力的意见》(简称"新时代高教40条"),提出要加强大学质量文化建设,完善督导评估机制,开展三级专业认证。"新时代高教40条"确立的三维评估制度和三级认证制度开始成为下一轮本科教学评估制度建设的核心要件,与之相配套的"六卓越一拔尖"计划2.0版与"双万计划"一起通过"金专""金课""高地"和"四新"(新工科、新医科、新农科、新文科)的建设,掀起了一场高等教育人才培养的质量革命。2019年9月,教育部发布《教育部关于深化本科教育教学改革 全面提高人才培养质量的意见》,提出要"全面推进质量文化建设。完善专业认证制度,有序开展保合格、上水平、追卓越的本科专业三级认证工作。完善高校内部教学质量评价体系,建立以本科教学质量报告、学院本科教学评价、专业评价、课程评价、教师评价、学生评价为主体的全链条多维度高校教学质量评价与保障体系。持续推进本科教学工作审核评估和合格评估"。

综上所述,我国高等教育评估正在不断地健全,形成了有自身特色的高校教学质量保障体系。目前,我国高等教育质量保障体系由内、外两部分组成。外部开展的高等教育质量评估以政府为主导,教育部高等教育教学评估中心设计了"五位一体"评估制度并负责实施和落实;内部质量保障活动则以高校为主体,包括以监控、保障和提升教育教学质量为核心的围绕高校内部质量保障体系建设的所有程序、环节及内容。具体而言,我国目前开展的质量保障活动主要有5个方面:①开展5年一轮的高等学校教学质量评估(包括合格评估和审核评估)。②通过国家质量监测数据平台,定期采集和公布全国普通高等学校办学条件及教学基本状态数据,对高等学校办学和教学情况进行常态监控。③教育部门与有关行业协会(组织)配合共同进行专业评估,建立与人才资格认证和职业准入制度挂钩的专业评估制度。④高等学校建立的内部教育质量保障机制。⑤社会评估中介机构开展的资质认证。

第二节 学生所认知的本科课堂教学质量评价影响因素

课堂教学是学校实现教育目的、完成教育任务的基本形式,也是学生获得知识和技能,发展认识能力的主渠道。课堂教学评价既是教学工作的一个组成部分,又是学校教育评价这一系统工程中的一个重要环节。课堂教学评价作为高校本科教学质量保障体系中的重要环节,是学生参与学校本科教学质量保障体系建设和学校管理的重要渠道。因此学生对地方院校课堂教学质评价的满意度可以在很大程度上反映地方院校课堂教学质量评价体系的建设情况,也能反映学生对本科教学质量保障体系的满意情况。本研究采取问卷调查法对广西某医科大学在校本科生进行调查,旨在了解其对地方院校课堂教学质量评价的满意度,并分析影响因素。

一、研究对象及方法

1. 研究对象

本次调查选取广西某医科大学在校本科生作为调查对象,采用自编问卷对广西某医科大学 2—4 年级在校本科生进行问卷调查,问卷内容包括课堂教学质量评价体系认知度、课堂教学质量评价体系总体满意度、课堂教学评价指标的设计及教学评价结果反馈方式满意度等。调查时间为 2019 年 10 月。调查问卷经预调查,修正后进行正式调查,共收回问卷 1 150 份,剔除无效问卷,获得有效问卷(N)1 140 份,有效率 99.1%。

2. 调查过程

在具体调查对象的选取上,为使调研结论具有普适性,样本采用分层抽样的方法选取某医科大学 2—4 年级,然后对每年级采用随机抽样的方法,抽取了 1 150 名学生作为研究对象。经统一培训合格的班级信息联络员,使用统一的指导语,通过"问卷星"平台发布问卷。

3. 数据分析

采用 Epidata3.1 统计录入软件对收集的问卷信息进行录入整理,运用 SPSS23.0 统计软件进行统计分析。统计分析方法包括以下几种:①描述性统计;②卡方检验,以结果真实程度评估值 $p<0.05$ 为差异有统计学意义;③秩和检验。

二、研究结果

1. 调查对象的基本情况

本次调查的 1 140 名本科生中,男性 321 人(28.16%),女性 819 人(71.84%),男女比例为 1∶2.55;二年级 405 人(35.52%),三年级 491 人

(43.07%),四年级 244 人(21.40%);医学专业学生 768 人(67.37%),非医学专业学生 372 人(32.63%);班级干部 350 人(30.70%),学生教学信息员 14 人(1.23%),班干部兼学生教学信息员 30 人(2.63%),其他身份 746 人(65.44%)。详见表 3-1。

表 3-1 调查对象的一般资料($N=1\ 140$)

项目	类别	人数[$n(\%)$]
性别	男	321(28.16)
	女	819(71.84)
年级	二年级	405(35.52)
	三年级	491(43.07)
	四年级	244(21.40)
专业年级	医学	768(67.37)
	非医学	372(32.63)
身份	班级干部	350(30.70)
	学生教学信息员	14(1.23)
	班干部兼学生教学信息员	30(2.63)
	其他身份	746(65.44)

2. 课堂教学质量评价了解度和总体满意度

对课堂教学质量评价很了解的被调查者中,43.52%对课堂教学质量评价体系总体满意度为满意,28.7%表示较为满意,2.78%表示不满意;在对课堂教学质量评价了解的被调查者中,17.65%对课堂教学质量评价体系总体满意度为满意,41.65%较为满意,0.94%表示不满意;在对课堂教学质量评价不了解的被调查者中,7.95%对课堂教学质量评价体系总体满意度为满意,25.00%较为满意,27.27%表示不太满意,4.55%不满意。详见表 3-2。

第三章 我国高校本科教学质量保障体系的发展历程与现状分析

表 3-2 课堂教学质量评价体系总体满意度

项目		对课堂教学质量评价了解程度[n(%)]					总计[n(%)]
		很了解	了解	一般	不了解	很不了解	
课堂教学质量评价体系总体满意度	满意	47(43.52)	75(17.65)	62(12.16)	7(7.95)	2(22.22)	193(23.08)
	较为满意	31(28.70)	177(41.65)	188(36.86)	22(25.00)	1(11.11)	419(36.75)
	一般	15(13.89)	125(29.41)	184(36.08)	31(35.23)	2(22.22)	357(31.32)
	不太满意	12(11.11)	44(10.35)	67(13.14)	24(27.27)	1(11.11)	148(12.98)
	不满意	3(2.78)	4(0.94)	9(1.76)	4(4.55)	3(33.33)	23(2.03)
总计		108(100.00)	425(100.00)	510(100.00)	88(100.00)	9(100.00)	1140(100.00)

经过 SPSS 相关分析,以 $p<0.05$ 为差异有统计学意义。相关系数 $r=0.225$,$p=0<0.05$,按显著性水平 $\alpha=0.05$ 可认为总体相关系数不为零,认为不同了解程度与对课堂教学质量评价总体满意度存在正相关。即对课堂教学质量评价的了解程度越高,总体满意度相对越高。详见表 3-3。

表 3-3 对课堂教学质量评价了解程度与总体满意度相关性

项目		对课堂教学质量评价了解程度	课堂教学质量评价体系总体满意度
对课堂教学质量评价了解程度	皮尔逊相关性	1	.225**
	显著性(双尾)		.000
	个案数	1 140	1 140
课堂教学质量评价体系总体满意度	皮尔逊相关性	.225**	1
	显著性(双尾)	.000	
	个案数	1 140	1 140

注:SPSS 中相关性数字后面带 ** 代表显著性 p 值或者说 sig 值小于 0.01,也就是很有把握认定所求相关性是具有统计学意义的。**.在 0.01 级别(双尾),相关性显著

3. 地方院校课堂教学质量评价总体满意度单因素分析

将总体满意度划分为满意和不满意两个项目（将满意度按等级赋分，满意＝5分、比较满意＝4分、一般＝3分、比较不满意＝2分、不满意＝1分。得分＜4分为不满意，得分≥4分为满意）对影响地方院校学生对课堂教学质量评价总体满意度的因素进行单因素分析。结果显示，除性别因素外，不同年级、不同专业、不同身份的地方院校在校学生的总体满意度，差异均无统计学意义。详见表3－4。

表3－4 对课堂教学质量评价了解程度与总体满意度相关性

	项目	满意	不满意	检验值 x^2	p
性别	男	196	125	9.774	0.002
	女	416	403		
年级	二年级	222	183	1.061	0.588
	三年级	266	225		
	四年级	124	120		
专业	医学	425	343	2.591	0.108
	非医学	187	185		
身份	班级干部	188	162	4.033	0.258
	学生教学信息员	10	4		
	班干部兼学生教学信息员	20	10		
	以上都不是	394	352		

4. 地方院校课堂教学质量评价综合满意度分析

对地方院校课堂教学质量评价满意度的子项目（分别是评价效果满意度、评价指标设计满意度、评价组织满意度、评价主体满意度、评价结果反馈方式满意度）进行了调查。结果显示，地方院校学生对课堂教学质量评价总体满意度得分为(3.53±0.98)分，各项目得分最高的是课堂教学评价效果满意度(3.65±0.84)分，得分最低的两项分别是课堂教学评价结果反馈方式满意度(3.38±0.99)分以及课堂教学评价内容满意度(3.41±1.09)。详见表3－5。

表 3-5　课堂教学质量评价综合满意度分析

项目	得分(均数 X ± 标准差 s)
总体满意度	3.53 ± 0.98
课堂教学评价效果满意度	3.65 ± 0.84
课堂教学评价指标设计满意度	3.42 ± 0.99
课堂教学评价组织满意度	3.42 ± 0.98
课堂教学评价内容满意度	3.41 ± 1.09
课堂教学评价结果反馈方式满意度	3.38 ± 0.99

三、讨论

(一)加大评教宣传力度,提升学生对课堂教学质量评价认知

学生的课堂教学质量评价了解度对课堂教学质量评价满意度具有显著影响,且呈正相关趋势,对课堂教学质量评价了解的学生对其总体满意度较高,说明这部分学生通过各种渠道获得了较为全面的课堂教学质量评价体系的信息,对课堂教学质量评价有了较理性的认识,对学校的课堂教学质量评价体系能更好地理解并加以利用。高校应加强课堂教学质量评价的宣传力度,运用座谈会、建立线上平台、知识竞赛等一系列活动,让每一个学生真正对课堂教学质量评价的目的、意义、实施与组织、体系的建设以及要求等有所了解,以保证课堂教学质量评价的有效性,促使教师教学水平有所提高并提升学生学习质量。达到一个以评益教、以教益学的良好发展评教环境,推动教与学的良性发展。

(二)改善评教反馈机制,加强对评教结果的科学利用

调查结果显示,在所调查对象中,课堂教学评价结果反馈方式满意度最

低,满意度得分为(3.38±0.99)分。反馈是课堂教学质量评价的重要环节,一是通过对课堂教学质量评价结果的反馈,可以使教师对自身教学技能、教学效果从横向和纵向进行比较并反思自身教学存在问题,促进教师不断改进教学方法,提高教学水平。二是评教结果为教学管理部门提供翔实的参考数据资料,使教学管理人员对教师教学质量方面的问题有一个充分的、理性的认识,为提升教师教学提供决策依据。三是使教师和学生进一步了解"教"与"学"存在的优势和问题,推动教师和学生进一步发扬其优点,找出自身不足,教学相长,相互弥补、相互促进,形成提高课堂教学质量的共同体。然而,目前缺少有效的反馈机制。从反馈内容上看,反馈内容仅显示分数或等级结果,较为简单模糊,并未对结果有一个科学清晰的说明。从反馈形式上看,评教结果最终仅仅是评价的等级告知,并且只反馈到学院方和教师。对学生而言,由于无法看到评教结果,于是对评教工作缺乏"参与感",易对课堂教学质量评价产生消极对待的情绪。因此,建立一个完善及时的反馈机制至关重要,其一是在对结果内容进行统计分析时,不再是简单地对数值进行排序,而应该根据评价数值结果,综合考虑教学规模、课程性质、学生学习自评程度等因素带来的影响,最终形成一份具体的分析报告,并附上一份详细说明以及相应的建议。其二是及时公布评教结果,学校教学管理部门积极开展教师教学改进、教师改进工作报告会等。同时邀请学生代表参与教师评教结果反馈交流会,对教师教学质量进行改进提升督促。既促进教师及时根据评价结果改进教学、提升教学水平,又增加学生对评教工作的参与度,引起学生对评教工作的重视。

(三)完善评教内容,注重对"学"的评价

调查结果表明,学生对课堂教学评价的内容满意度较低,仅为(3.41±1.09)分。目前,整个课堂教学评价体系无论是内容还是形式方面都倾向于对教师教学行为的评价,在一定程度上学生的主体地位被忽视。但事实上,教与学二者相互独立,相互依存。为更好地对教师课堂教学质量进行评价,地方院校应完善评价内容中对学生"学"的评价,对相关评价体系指标从教学方案设计、教学实施、学生学习效果、教学效果等方面进行科学合理的补充。同时,改变以评"教"为主的课堂教学质量评价,渗透以评"学"为中心的教学质量评价理念;在教学设计评价指标方面,教学目标要根据学生学习增长的需求来确定;在教学实施评价指标方面,培养学生自主学习能力,注重从学生学习的角

度来设计,积极开展"以学生为中心"和"自主学习"为主要内容的课堂教学评价方法改革;在教学效果评价指标方面,以学生问题为出发点,形成动态生成的教学过程。

第三节 我国高校本科教学质量保障体系的现状

当前,我国逐步建立健全以学校自我评估为基础,以院校评估、专业认证及评估、国际评估和教学基本状态数据常态监测为主要内容,与政府、学校、专门机构和社会多元评价相结合,与中国特色现代高等教育体系相适应的教学评估制度。但纵观我国高校本科教学质量评估政策、制度、理论与实践的发展历程不难发现,我国高校本科教学质量保障体系的外部评估都是由政府主导进行的。同时,这种政府主导的外部教学质量保障体系,又直接影响着内部质量保障体系的构建与发展。此外,随着高等教育与市场联系程度的加深,大学排行榜也日渐成为重要的外部质量评价手段。目前,国内具有较高社会认可度的大学排行榜主要有上海交通大学学术评价中心推出的"世界一流大学学术水平排名"(Academic Ranking of World Universities,ARWU)、武汉大学中国科学评价研究中心的《中国大学及学科专业评价》年度报告、网大(netbig)和校友网推出的大学评价报告等;国际范围具有较高认可度的排行榜有《美国新闻与世界报道》(U.S.News and World Reports)、QS(Quacquarelli Symonds)和英国《泰晤士高等教育》(Times of Higher Education)的世界大学排名等。无论是内部、外部,还是评估、排行榜,在今后都应该置于整个高校本科教学质量保障体系的建设与完善中予以考量。下面就当前我国高校本科教学质量保障体系所取得的成就以及存在的问题加以评析。

一、取得的成就

近年来,我国高校加强内涵建设,强化人才培养的中心地位,不断建立和完善高校内部质量保障体系,加大教学投入,深化教育教学改革,取得了显著成效。从内部质量保障体系来看,国内大学的本科教学内部质量保障体系具有4个主要特征。

一是设立相关的质量保障部门。国内大多数高校都设立了本科教学质量评价办公室(或中心),该机构承担着全校本科教学工作的监督和评价职能。无论是独立、合署的职能部门,还是教务处的下设部门,该机构都在教学质量监控和评价反馈方面发挥着重要作用。二是成立教学督导组对教学以及教学管理工作进行督导。目前,各高校基本都建立了教学督导组,发挥教学督导专家在督教、督学、督管方面的作用,帮助教师改进教学,及时发现教学管理中存在的问题并向有关部门反馈,以便改进教学管理。三是实行同行听课。教师之间互相听课可以促进教师之间相互学习、交流切磋、共同改进。此外,一些学校还开展了校领导和行政管理人员听课,并将之制度化、常规化,旨在更全面地督促教师不断改进教学。四是开展学生反馈。目前,学生反馈被视为最重要的教学质量保障机制之一。学生反馈的方式包括学生调查、学生评教、个人访谈、集体座谈等。高校本科教学质量保障体系建设所取得的成就还包括以下几个方面。

(一)教学质量保障体系建设有了制度保障

我国对于高校教学质量保障体系的建设工作高度重视,结合不同时期的高等教育发展状况,教育行政主管部门不断完善相关政策,相继出台了多部关于高校教学质量保障体系建设的政策报告与意见,从而实现了从制度上确保高校教学质量保障活动与体系建设的合法性,有效地推动了高校教学质量保障体系的不断优化与完善。

(二)教学的中心地位更加突出

通过几轮教学评估,高校的质量意识不断强化,教学的中心地位更加突出,本科教学的基础地位更加牢固。各高校都非常重视本科教学工作,明确学校党政主要负责人是本科教学质量的第一责任人,学校主要领导高度重视本科教学,通过管理体制创新保障本科教学工作。

(三)教学评估的关注点和评价方式得以转变

从教学评估的关注点来看,实现了从重"硬件"向重"软件"转变。各高校强化质量保障体系建设,对于从根本上扭转本科教学质量保障弱化的趋势具有重要意义和价值。从教学评估的方式来看,实现了从重视结果向重视过程转变。通过审视核查学校在办学过程中人才培养相关要素的实际运行状态,精准把脉,为院校全面认识本科教育教学及其管理工作中的问题,以及分析这些问题产生的深层次原因,进而制定相应的改进措施提供重要帮助和指导。

(四)教学评估的主体实现了多元化

随着改革开放的不断深入,政府职能发生了重大转变,且随着高校自主权不断扩大,社会中出现了大批的第三方评估机构。这些机构往往由社会各方主体所构成,对各大高校切合实际地进行评估,秉持公平、公正、开放等原则,对于高校质量保障体系的建设发挥着重要的作用。

(五)开展了形式多样的教学质量保障活动

各高校结合自身办学实际,开展了形式多样的教学质量保障活动。许多高校根据"计划—检查—执行—改进(PDCA)"全面质量管理理念,打造全过程监控、校院系协同的本科教学质量保障体系。一是制定本科教学各环节质量标准。学校依据国家相关质量标准,结合学校实际,深入分析影响教学质量的基本要素、重要环节和关键监测点,制定了本科专业、课程和教材建设以及教学各环节的质量标准。二是开展教学督导及教学质量监控。三是进行质量管理信息化建设。四是以评促建、促整改。五是重视国际评估与专业认证。

二、存在的问题

笔者通过阅读相关高校的本科教学审核评估自评报告和近年来各高校在学校官方网站公布的本科教学质量报告,结合相关学者的理论与实证研究,总结出我国高校本科教学质量保障体系存在的主要问题,具体如下。

(一)教学质量保障体系建设缺乏先进的管理理念指导

在质量保障思想和理念方面,多数高校虽然在一定程度上借鉴全面质量管理和ISO 9000系列质量保障理念,对质量保障目标、使命和价值定位进行了明确,但仍然有一部分高校的教学质量保障体系建设缺乏全面质量管理理念等先进理念的指导,开展的教学质量管理、监控等相关工作仍然呈现散点式的特点,对于保证和促进教学质量的其他方面的监控、诊断、反馈和改进亟待加强,先进管理理念的实践尚显不足。长期以来,很多高校把教学质量监控看作是对教师的监控和管理,存在惩罚多、激励少,只注重"督"、不注重"导"的情况,过分强调自上而下的管理约束,而不是自下而上的自我进步、自我监督。尽管国内高校对内部教学质量保障体系建设进行了一定的研究和探索,但多是从价值导向和构建思路等层面进行的探讨,对于解决质量保障工作中出现的理念缺位、形式单一及闭环性不够等实际问题的指导作用还相当有限。此外,目前我国高校以外部控制为主导,依赖自上而下的科层机制运行的质量保障体系,强调对教学质量的问责和控制,注重对教师和学生等行为的规治,使得高校质量保障的发展性作用并未得到应有的重视。

(二)"以学生为中心"的教育理念并未形成普遍共识

高等教育质量的核心是学生的发展质量,学生在学习、成长和发展过程中的认知、技能、态度等方面的收益是衡量高等教育质量的核心标准,是评价高等教育质量的根本。传统的高校教学质量保障多以对"教"的评价为主,在一定程度上确保了教师"教"的质量。但是学生的学习、成长与发展才是高等教育质量的核心要素,因此要调整并实施以学生为中心的质量保障。对高校教学质量报告进行文本分析得出,许多高校在质量保障体系建设中更多关注的是师资队伍、办学经费等基本办学要素,"以学生为中心"的教育理念并未形成普遍共识,对学生的学习、学生的发展及学生的学习效果关注较少;在构建内部质量保障体系制度和政策的设计中,并未重视学生的学习和发展需求;在教学资源的配置和利用上,并不是把学生作为最重要的因素来考虑;在教学中,更加重视的是教师的"教"而不是学生的"学",未能有效激发学生的学习兴趣和主观能动性,无法从根本上提高学生的学习成效和质量。

(三)教学质量保障体系的制度建设及执行仍有待加强

虽然大多数高校都已经建立了一套教学质量管理相关制度(如教学检查制度、领导听课制度、教学督导制度等),但相关的改进型制度如定期评估制度、反馈制度、学生和教师的申诉制度等仍然缺乏或者不完善、不全面。许多制度一定程度上来看是零散的,有些甚至职责不清,欠缺整体性和系统性。在执行过程中也存在着应付了事,执行不到位的情况。有些高校本科教学质量保障体系实为空中楼阁,只构建不运行,没有建立相应的配套措施保障运行;有些高校质量保障体系运作效率低下。同时,在教学质量保障制度的执行上,有些高校教学质量保障体系的公开性与透明度不高,忽视或故意隐瞒评价的整个过程,即缺乏对教学质量评价的监管机制,让特权主义在质量体系中得以生存,这个灰色空间地带造成高校教学质量难以保障。

(四)教学质量相关标准仍不全面

针对本科教学环节,各校都制定了相关的教学质量标准如专业建设标准、课程建设标准等,但尚未覆盖本科教学的全过程。部分质量标准制定过粗或过细,甚至用一般的通知要求来替代标准,导致教学质量标准的科学性和合理性较差。在教学质量标准的研制方面,侧重于教学条件投入和教学过程各环节,对以学生学习产出为导向、按照毕业生核心能力和素质要求来研制质量标准方面还较薄弱。质量标准呈现出诸如比较陈旧,更新不及时;未立足于学校办学定位和特色,偏离培养目标要求;主要教学环节质量标准不够完善;以管理制度代替质量标准等"旧、偏、缺、假"的问题。在教学质量标准方面,部分高校尚未建设好关于课堂教学、实验教学、实习实训、课程设计、毕业设计(论文)等主要教学环节的"尺子"。在自我评估方面,少数高校尚未全面深入开展校内专项评估,包括院级教学评估、专业评估、课程评估、实验室评估等。

(五)教学质量保障体系的组织机构建设仍有待加强

目前,我国高校本科教学质量保障的相关组织机构建设仍需加强。表现在:①在机构设置上,仍然有大部分院校没有将教学质量评价与保障功能从教务处独立出来,造成教务处既是"运动员"又是"裁判员"。一些高校设立独立的质量监控保障机构,其出发点不是为了保障高校的教育质量本身,而是为教育教学评估做准备,其主要工作任务是迎接评估,而一旦顺利通过了外部评估工作,独立的机构随即被撤销,内部质量保障的建设同步弱化。②在机构的人员数量上看,普遍存在数量不足的问题。一般专职负责学校本科教学质量管理的人员仅1—2人,部分人员除了做好教学质量管理工作外,还需要承担教学管理其他方面的工作,对教学质量管理工作疲于应付,使得工作开展得不深入、不系统。

(六)教学质量保障职责不清

关于教学质量保障职责不清的问题,主要体现在独立设置的教学质量管理部门,如教学质量评估中心与教学管理部门即教务处之间管理职能有交叉或者出现真空地带。部分高校对两个部门的定位不清,分管的校领导往往为同一人,在工作部署中存在交叉重复的问题。同时,因质量保障相关机构之间或机构内部各工作角色的职责不明晰,纵向和横向部门(岗位)之间经常出现衔接与协调不畅问题,时常诱发扯皮、推诿、遗漏、含混等不良现象,导致质量管理、教务管理、学生管理、就业服务等担负教学质量监控职责的部门,协同参与质量保障工作的动力不强,校、院、系(教研室)三级教学组织在质量保障方面联合发力不足。此外,校院两级质量保障管理、沟通、协调不够,院系对质量保障体系理解不到位。对学校制定的相关教学质量管理规定,实际执行中未能很好地落实。院系参与教学监控的主动性和积极性较弱,一般院系很少有专职机构或专人负责监控教学运行过程,而是过于关注教学运行安排与管理。而院系作为教学的主体参与者,重视和加强质量监控意识就显得尤为重要。

(七)教学信息收集、分析和反馈机制欠完善

各高校在教学质量监控过程中,一般比较重视教学信息的收集,但对教学信息的分析、反馈和督查重视不足。部分高校还存在对监控过程中发现的问题缺少及时有效的反馈和沟通等情况,尤其是对问题是否改进,缺乏后继跟踪检查环节,解决问题时只做表面工作,使问题没有真正得到解决。面对高校教学质量信息收集、分析和反馈机制不完善以及反馈信息效用度不高的情况,评估专家指出,在教学质量监控信息系统的建设与完善方面,重点在于进一步完善实时动态信息的采集与反馈功能。

(八)质量文化建设有待加强

魏红等对96所高校的研究结果显示:相当一部分高校对内部质量保障体系功能的认识存在一定偏差,他们更多地把内部质量评估与保障看作是高校的一项管理职能,属于高校行使行政权力的范畴,而高校本身具有的教育意蕴、包含的教育价值有被挤压和消解的倾向。目前,仍有些高校尚未形成全校师生参与教学质量管理的良好氛围,教学质量意识仍有待提高,质量文化建设

有待加强。当前,高等教育质量管理存在片面追求理性模式和数量分析的问题,忽视了对人的价值的关注,忽视了对人的生命的关怀,更忽略了对人的管理。有学者曾指出:"目前在高等教育管理实践中,现有的质量监控与管理基本上都被限定在行政管理的范畴内,侧重于方法与工具、程序与技术、体系与制度的监控,并没有真正触及高等教育质量管理的核心,即将全面质量管理作为大学与大学人(大学教师、大学生与管理人员)的一种生活方式。"教育被科学化、公式化和精确化以后,就失去了它的人文意蕴和价值情思,失去了它的生命关切和人性基础,从而也就失去了它的灵性与魅力,失去了它的活力和生机。如果高等教育质量管理一味追求工具或技术上的改进,而忽视质量文化的培育和建构,那么其结果也是徒劳的。高校本科教学质量保障体系的建设不仅仅是教学管理部门或教学质量管理部门的事,更需要全校各部门协调配合、共同承担,力求形成以提高人才培养水平为核心的质量文化氛围,将质量文化内化为全体师生共同的价值追求和自觉行为。

第四章 高校本科教学质量保障体系的文本性分析

高校教学质量保障体系是促进和提高学校办学水平的重要机制之一，是保证人才培养质量的必不可少的环节。经过70多年的发展，我国高校内涵式的发展方向，以学生为中心的、持续改进的质量意识逐步建立，各校基本都建立了符合自身特色的教学质量保障体系。由于本研究主要围绕地方院校教学质量保障体系来展开研究，地方医学院校既有高校的共性也有作为行业院校自身的特点，因此，本研究分别以国内若干普通高校（含综合性、行业性高校）以及医学院校为研究对象，以样本高校的教学质量保障体系相关内容为分析依据，对当前我国高校以及地方院校本科教学质量保障体系现状进行评估。

第一节 不同类型高校本科教学质量保障体系的文本性分析

一、样本的选择与确立

本研究选取11所高等学校，其中综合性院校4所（北京大学、厦门大学、广西大学、温州大学），师范类（华东师范大学）、财经政法类（中南财经政法大学）、航空航天类（北京航空航天大学）、农业类（湖南农业大学）、艺术类（南京艺术学院）、矿业类[中国矿业大学（北京）]、民族类（中央民族大学）等行业性院校各1所。这些高校有教育部、国家民族事务委员会等部属高校和省属高校，涵盖国家"双一流""985工程""211工程"和区域性普通高校，分别居于不同的区域,都有较长的办学历史,在一定程度上能够代表综合性、行业性高校本科教学的基本方向和主要特征。

二、分析维度和分析依据

建立高等学校质量年度报告发布制度,既是加强信息公开和社会监督的基本要求,又是促进高等学校自我改进、自我提高教学质量的重要举措。《国家中长期教育改革和发展规划纲要(2010—2020)》第13章第40条明确指出,要"建立高等学校质量年度报告发布制度"。高等学校质量报告制度充分表明社会对进一步提高高等教育质量,推动高等教育内涵式发展的诉求已经上升到国家意志层面。为贯彻《教育规划纲要》精神,2011年在教育部倡导下,39所国家"985工程"高校率先发布了《本科教学质量报告》。2012年扩展到"211工程"高校,2013年所有的本科院校都要向社会公开发布本校的教学质量报告。迄今,《本科教学质量报告》已有十年历史,尽管它自身仍有诸多问题,但也逐步形成了相对完善的格式体系,一定程度上能够较好地反映高校本科教学质量的全貌。本研究以上述样本高校《2018—2019学年本科教学质量报告》为主要分析依据,对本科教学质量相关内容进行分析。根据教育部相关规定,高校的《本科教学质量报告》均在学校官方网站公示,接受社会问责与监督。因此,研究材料不但具有一定可信性,而且便于获取。

三、研究方法

本研究主要采用文本阅读法和比较分析法,对上述样本高校《2018—2019学年本科教学质量报告》的文本进行仔细阅读,并在此基础上探讨我国高校本科教学质量保障体系等相关内容,分析高校本科教学质量保障体系现状。

四、主要分析结果

(一)11 所高等学校本科教学质量报告基本情况的分析

1. 报告篇幅长短不一

根据对 11 所高等学校本科教学质量报告的字数统计(大部分高校的教学质量报告为 PDF 格式,使用工具转化为 Word 文档后,去除附表和案例再进行字数统计)可以发现,各个学校的报告具有篇幅长短不一的特点。报告篇幅较长的前 3 所高校分别是南京艺术学院(38 304 字)、华东师范大学(25 621 字)、温州大学(24 505 字);报告篇幅较短的后 3 所高校分别是北京航空航天大学(14 298 字)、中央民族大学(15 009 字)、[中国矿业大学(北京)](16 550 字)。报告中质量保障体系部分占比前 3 所高校分别是[中国矿业大学(北京)](22.71%)、广西大学(18.15%)、华东师范大学(13.57%);报告中质量保障体系部分占比后 3 所高校分别是中南财经政法大学(2.44%)、温州大学(5.79%)、中央民族大学(6.68%)。11 所高等学校本科教学质量报告平均字数为 21 609 字,质量保障体系部分平均字数为 2 308 字。11 所高等学校本科教学质量报告字数统计见表 3-1。

表 3-1　11 所高等学校本科教学质量报告字数统计表

高校名称	质量报告字数	质量保障体系字数及比例
南京艺术学院	38 304	3 324(8.68%)
华东师范大学	25 621	3 477(13.57%)
温州大学	24 505	1 420(5.79%)
北京大学	24 440	2 715(11.10%)
湖南农业大学	21 040	2 002(9.52%)
中南财经政法大学	19 770	483(2.44%)
广西大学	19 146	3 475(18.15%)
厦门大学	19 023	2 569(13.50%)
中国矿业大学(北京)	16 550	3 759(22.71%)

续表 3-1

高校名称	质量报告字数	质量保障体系字数及比例
中央民族大学	15 009	1 003(6.68%)
北京航空航天大学	14 298	1 167(8.16%)

2. 内容大同小异

从内容来看,11 所高等学校本科教学质量报告基本上是大同小异,都包括:本科教育基本情况(包括本科人才培养目标及服务面向、本科专业设置情况、各类全日制在校学生情况及本科生所占比例、本科生源质量情况等)、师资与教学条件(描述学校师资队伍数量及结构情况、生师比、本科生主讲教师情况、教授承担本科课程情况,教学经费投入情况,教学用房、图书、设备、信息资源及其应用情况等)、教学建设与改革[揭示教学过程各主要方面和关键环节,包括专业建设、课程建设、教材建设、教学改革等。特别是开设课程门数及选修课程开设情况、课堂教学规模、实践教学、毕业论文(设计)以及学生创新创业教育等]、专业培养能力(展示本科专业培养能力和发展水平,主要描述专业概况,突出特色、优势、问题及困难等。包括主要专业的培养目标、教学条件、人才培养等情况,特别是人才培养目标定位与社会人才需求适应性、培养方案特点,专任教师数量和结构、生师比、教学经费投入、教学资源、实践教学及实习实训基地,立德树人落实机制、专业课程体系建设、教授授课、实践教学、创新创业教育、学风管理等概况)、质量保障体系(阐述学校人才培养中心地位落实情况、校领导班子研究本科教学工作情况、出台的相关政策措施,教学质量保障体系建设、日常监控及运行、规范教学行为情况,本科教学基本状态分析,开展专业评估、专业认证、国际评估情况等)、学生学习效果(呈现学生学习满意度、应届本科生毕业情况、学位授予情况、攻读研究生情况、就业情况、社会用人单位对毕业生评价、毕业生成就等)、特色发展(总结学校在本科教育教学工作中的特色和经验)、需要解决的问题(针对影响教学质量的突出问题,分析主要原因,提出解决问题的措施及建议)8 个方面,主要涉及生师比、生均图书等 25 项支撑数据目录,这也符合国务院教育督导委员会办公室下发的《关于普通高等学校编制发布 2018—2019 学年本科教学质量报告的通知》,能够明晰整个学校的办学水平,发掘其存在问题及发展趋势,成为观察与研究高等教育问题的重要突破口。

3. 质量报告对问题的分析有"轻描淡写""避重就轻"的倾向

教育部之所以组织编写《本科教学质量报告》，不仅是对社会公众问责，更重要的是使各高校在已有成就的基础上发现问题、谋求发展，全面提升本科教学质量，进而培养人才。对现有教学质量及现有问题的分析能够帮助高校客观、有针对性地改进。从对存在问题的分析来看，11所高校对"问题"的分析都不同程度地存在着笼统模糊、避重就轻、轻描淡写的倾向。11所高等学校本科教学质量报告对存在问题的分析情况见表3-2。

表3-2 11所高校本科教学质量报告中的"需要解决的问题"内容对比

高校名称	需要解决的问题
南京艺术学院	—
华东师范大学	1. 进一步深化"大类培养，多元发展"培养模式（信息技术的融合应用以及人工智能的快速发展给现代高等教育带来了极大冲击，如何打破现有界限，培养能够面对未来的人，是学校需要不断思考的问题） 2. 进一步推动"金课"建设，合理提升学业挑战度（仍有部分课程存在"重知识传授、轻能力培养"、教学内容与方法落后、学生主动投入不足、参与程度不高等问题。如何在政策、机制等管理措施上跟上步伐，打造更多具有高阶性、创新性、挑战度的"金课"） 3. 进一步优化专业质保体系，助推一流专业建设（部分专业在深入领会贯彻"产出导向"的理念，目标定位、培养目标、毕业要求、课程目标、课程教学之间的支撑关系，以及这一理念落实到全体师生中还有距离，毕业要求支撑培养目标，课程设置支撑培养要求的两个矩阵图、达成度的评价机制、质量保障机制运行的有效度以及持续反思与改进的机制还不完善）
温州大学	—

续表 3-2

高校名称	需要解决的问题
北京大学	1. 跨学科项目建设持续发展问题 2. 质量状态数据系统的建设和现有管理工作的磨合 3. 本科教学中的人才制度保障不足 4. 实践教学的比例和质量需要提高 5. 招生工作还需进一步强化
湖南农业大学	1. 学校生师比偏高,且各学科专业分布不均衡 2. 高层次人才全职引进人数不足,在国内同行中有影响的学术大师、教学名师还不多,35岁以下拔尖型人才缺乏,与学校创建一流大学的需求还有一定距离
中南财经政法大学	1. 师资数量与结构不尽合理 2. 质量保障激励机制不完善
广西大学	信息化教育平台建设有待进一步加强
厦门大学	1. 人才培养体系未能充分激发学生的个性与潜能 2. "以学为中心"的课堂教学模式还有待完善 3. 协同育人机制有待进一步推进
中国矿业大学(北京)	1. 教学内容、方法、模式有待改进 2. 教师广泛参与教学改革的理论研究和实践不够 3. 以学生为中心的课堂教学改革力度和深度不足 4. 对体现学生创新思维、创新能力和综合性、拓展性学习效果的考核不足 5. 面向未来能源革命新要求,专业转型的能力较差,新兴专业偏少
中央民族大学	1. 办学条件紧张,资源配置不合理 2. 个别专业师资薄弱,综合竞争力不强 3. 本科教学改革需要进一步深化,质量保障体系需要进一步完善

续表 3-2

高校名称	需要解决的问题
北京航空航天大学	1. 本科人才培养体系顶层规划不足 2. 课程体系对人才培养目标支撑度不足 3. 机制对人才培养的保障不足

说明：1. 南京艺术学院只阐明改进措施，未指出问题

2. 华东师范大学未在标题指出问题，括号内为截取对策中的问题

3. 温州大学分析了高等教育的背景以及方向，未写出问题

从表 3-2 中可以看出，11 所高校所分析的"问题"虽有所不同，但都是本科教学中普遍存在的一些问题，如观念更新问题、师资数量与结构问题、相关体制机制的健全问题等等。部分院校在问题呈现和相应的对策方面叙述较为简略。如南京艺术学院、温州大学未提出存在的问题，只分析了高等教育的背景以及发展方向，或只提出了改进措施。同时，没有对高校上一年度遗留问题的改善情况及问题是否解决等做出理性的回应。

(二)11 所高等学校本科教学质量保障体系的分析

按照国务院教育督导委员会办公室的要求，在本科教学质量报告的质量保障体系部分，应阐述学校人才培养中心地位落实情况、校领导班子研究本科教学工作情况、出台的相关政策措施，教学质量保障体系建设、日常监控及运行、规范教学行为情况，本科教学基本状态分析，开展专业评估、专业认证、国际评估情况等。因此，本部分就本科教学质量保障体系建设方面，依据各样本高校所发布的质量报告进行对比分析。在样本高校的本科教学质量报告中，各学校均表明了在树立本科教学的中心地位时所提供的政策措施、组织和经费保障，各学校均坚持把提高人才培养质量作为高校发展的重中之重。

1. 人才培养中心地位落实情况

我国《高等教育法》明确规定："高等学校需要以培养人才为中心，开展教学、科研和社会服务，保证高校教学质量达到国家标准。"《国家中长期教育改革与发展规划纲要(2010—2020)》也要求：要牢固树立人才培养在高校工作中的中心地位。在各高校的教学实践中，凸显本科教学的基础性地位，不断强化

人才培养的中心地位。在事关学校发展方向的各项重大政策和措施的确定过程中,各高校始终将人才培养作为中心。人才培养中心地位的确立为学校教学质量的提高起到了重要的作用。

2. 校领导班子研究本科教学工作情况

各高校领导班子都高度重视本科教学,通过党委常委会、校长办公会及专门会议讨论本科教学工作。每学期开学、学期中和期末,学校领导都会组织相关单位到课堂、院系、考场进行检查、听课,了解教学状况,同时也通过组织学生和教师座谈会等方式,了解教学情况,听取师生意见和建议。如北京大学制定《北京大学校院(系)领导听课制度管理规定》,明确要求学校和院系领导每学期到课堂了解教学情况,与教师和学生进行交流;实行教务长制度,由主管教学的副校长担任教务长,每两周左右召开教务长办公会,针对相关问题进行集中讨论。厦门大学把本科教育教学工作纳入党委常委会和校长办公会重要议事日程,及时研究、解决工作中的重大事项;学校领导坚定"以本为本"的发展理念,对"中国特色、世界一流、厦大风格"一流大学发展之路进行了深入的思考、研究和总结,陆续刊发一系列高质量的文章,形成独具厦大特色的人才培养理念。中央民族大学制定了《校级领导干部"五个一"工作制度》,最重要的一个就是"课堂听一次课",校领导坚持每学期进课堂听课,实现思想政治课程全覆盖。南京艺术学院每年度党政工作要点中,对本科教学、人才培养都有专项研究与规划;每年假期,学校党委中心组学习内容中专门安排教学内涵建设工作讨论的环节;每周召开的党委常委会或院长办公会议中,教学工作相关报告总是作为第一项议题来安排。湖南农业大学坚持校领导联系学院制度、联系班级制度,及时解决教学工作中存在的困难和问题;举办校领导接待日活动 7 期。华东师范大学校领导带头为新生上第一堂思政课,参加校领导午餐会,围绕"学习发展""通识教育"等话题听取学生的意见和建议。中国矿业大学(北京)每两周定时召开主管校长、教务处长、教学院长及有关教学管理人员参加的工作例会;长期坚持教学院长"四个一"工作制度,即每周一次检查课堂教学,每两周一次教学例会,每月听一次课,每学期一次全面教学工作检查。

3. 教学质量保障制度情况

各高校围绕本科教学质量的监控和管理相应推出了一系列的文件制度,

以此实现本科教学的规范化管理。如北京航空航天大学出台《同行听课制度实施办法》等本科教学相关系列制度和文件。厦门大学新出台或修订了《厦门大学关于教授为本科生上课的规定》《厦门大学本科生转专业工作管理规定（修订）》等 10 多项文件，共出台了包括课程教学计划管理、运行管理、学生管理、实践教学管理、教学改革管理、质量保障等近 80 项规章制度，实现了本科教育教学的全过程覆盖与保障。湖南农业大学新制定（修订）了《教授、副教授为本科生授课规定》《课堂教学管理规定》等制度，加强课堂教学管理，从制度上强化和保障课程教学规范和要求的落实。由此可以看出，各高校对于教学质量的保障制度已经较为齐全，基本覆盖了教学过程的各个方面，但同时也要保障这些制度的贯彻实施，真正发挥制度在保障教学质量中的关键作用。

4. 教学质量保障体系建设情况

各高校根据教育部等上级部门的要求以及本校实际，普遍制定了符合本校办学实际的本科教学质量保障体系。如北京大学设计本科教学质量数据系统方案，初步上线试用校内本科教学质量状态数据系统；完善绩效考核指标体系建设，开展院系教学绩效考核；出台《北京大学本科课程教学质量评估实施方案》，推进过程性评估和发展性评估。厦门大学基于联合国"IQA"项目研究成果，进一步强化"以生为本、成果导向、持续改进"质量保障理念，聚焦课堂教学、教学能力和质量文化建设，完善以年度评估为抓手，以常态数据监测为基础，以日常教学监控、课程质量评估、学生学习经历调查和毕业生跟踪调查为手段，涵盖人才培养全过程、教育教学各环节的"自我约束、自我检查、自我完善、自我提升"的校院两级内部质量保障机制，逐步建立起具有世界标准、中国特色、厦大传统的内部质量保障模式。相关成果获国家级高等教育教学成果二等奖。中央民族大学研究建立学校人才培养质量评价指标体系与专业评估标准，试点开展课程评价、本科人才培养质量评价和专业评估工作，构建全方位的质量保障体系。南京艺术学院在"理念先行、队伍先行、标准先行、教研先行"的基础上，围绕本科教学质量监测与评估主要工作范围，构筑评估、认证、监测和信息公开 4 个工作体系。中国矿业大学（北京）构建"12345"型本科教学质量保障体系，以教学质量标准为基础，突出教师和学生质量保障双主体作用，构建学校、学院、系（教研室）三级质量保障体制，完善教学过程常态监控、教学质量评价评估、教学信息采集分析、教学管理持续改进 4 项机制，发挥教学工作组织领导、师资队伍、教学经费、教学条件、质量文化多方联动作用,提高人才培养质量。湖南农业大学构建了校、院、教学基层组织三级教学质量监控体系,成立了校、院两级学术委员会和教学督导组织,建立了通畅的教学信息收集、整理、分析、反馈渠道,执行教学基层组织评估、学院教学工作评估、教师教学质量考核、教学运行检查、毕业论文(设计)检查、试卷检查等常规检查评估环节,形成了校院两级教学质量评价和日常教学运行检查相结合的教学评估和检查制度。温州大学秉承全面质量管理的原则和理念,将教学质量目标管理与教学过程管理有机结合,对学校人才培养目标确立、资源保障、过程实施、质量监控、调整改进等质量保障要素进行规范化管理与控制,构建了全方位的教学质量保障体系(图4-1)。

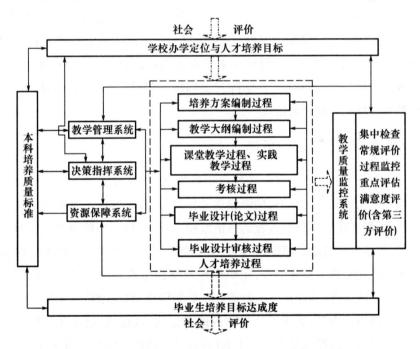

图4-1 温州大学本科教学质量保障体系运行模式框架图

5. 教学质量监控队伍建设情况

通过对比报告可以发现,各校教学质量监控队伍一般包括校领导、校院两级督导、学生、同行、相关行政管理人员等。有些高校虽然没有明确地写明自己的质量监控队伍,但是各高校领导对于教学质量的监控都十分重视。如北京大学校本部、医学部和各附属医院共有专职教学质量监控人员33人。具有高级职称的28人,所占比例为84.85%,具有硕士及以上学位的26人,所占比例为78.79%;加强教学督导组织建设,人员由2018年的13人扩大到40人;聘任专兼职督导员84人;本科生参与评教覆盖面为100%。北京航空航天大学完善校院两级本科教学督导组队伍建设,发挥校院两级本科教学督导组在学风、教风等方面特别是教学评价过程中的监督、调研和检查作用,逐步健全包括学生评价、学院评价、教师自评、专家评价、同行评价的多维度课程教学质量评价体系。厦门大学成立第五届教学委员会,各学院相应设立了院级教学委员会,以充分发挥教师对本科教育教学改革的研究、咨询和指导作用。湖南农业大学成立第十二届本科教学学生助理组,由30位来自全校21个院系的本科生组成,开展本科教学信息收集和反馈工作,并通过微信公众号"学吧ECNU"定期推送教学相关信息,扩大学校与学生间的信息沟通渠道。中国矿业大学(北京)坚持在教学评优中对学生评教和同行评教结果的刚性要求,坚持教学质量"一票否决制"。学院开展同行、督导评教覆盖比例达98%;学生评教实现理论课程全覆盖。

6. 教学过程的监控与管理

在对各高校的质量报告进行分析后发现,学校对于教学质量的监控已经形成一个比较完善的体系,加强教学过程管理,日常监督与专项教学质量检查相结合,制度化开展教学过程的质量监控。开学前,各高校组织进行教学条件准备、教学安排与落实情况的检查;开学第一天,校领导以到教室听课和到相关学院现场听取汇报等形式,组织全校教学秩序检查;期中进行教学检查;期末进行考试巡考;毕业论文实行前、中、后期检查;对课堂教学和实践教学的不定期听课与抽查等,实现了质量监控的常态化、规范化、制度化。但各高校对于教学过程的监控也暴露了一个共同的问题,即教学监控片面化,例如监"教"不监"学"。一方面,质量控制主要监控教师,很少监控学生。教学是一种双边活动,在高等教育大众化背景下,生源质量要求相比过去要降低不少,更应重视对学生学习质量、学风的监控。另一方面,着重进行教学质量监控,而与学生的道德品质、身体健康素质、心理健康素质密切相关的教育质量监控未曾得到重视。

7. 教学质量评价体系建设

对本科教学质量进行评价是促使高校提升自身教学质量的直接推动力。一个完善的本科教学质量评价体系对于落实和支撑本科教学的中心地位起着至关重要的作用。样本高校在教学中形成了一个内部评价和外部评价相结合的全方位、多层次的评价体系。各高校纷纷以内部评价和外部评价为契机,以评促建、以评促改、以评促管。在学校的外部评价中,部分高校在报告中指出,对照教育部本科教学工作审核评估专家组提出的改进意见并根据学校办学实际逐项落实整改工作,以此不断提升学校办学水平和本科人才培养质量。同时也积极同第三方机构合作,对本科教育质量进行追踪。除此之外,部分高校对于本校一些专业进行工程教育、师范类、医学类专业认证,以国家专业认证的教育理念和质量标准为引领来促进高校的专业建设;对于新办的本科专业,积极迎接上级教育主管部门组织的新办专业评估。在学校的内部评价中,高校多采用新办专业校内评估、各主体评教、开展毕业生问卷调查、用人单位调查等方式。如厦门大学在前两年优秀学院"奖励"和"约谈"制度的基础上,特地树立"进步"典型学院,以不断完善评估链条和质量提升闭环机制,提高评估实效。广西大学积极开展专业评估与认证,机械设计制造及自动化等10个专业向中国工程教育专业认证协会秘书处提交专业认证申请书;积极开展新专业评估工作,组织专家对新专业进行评估。中国矿业大学(北京)采矿工程和安全工程专业接受并通过了工程教育专业认证。

第二节 医学院校本科教学质量保障体系的文本性分析

一、样本的选择与确立

本研究选取徐州医科大学、承德医学院、哈尔滨医科大学、长治医学院、广州中医药大学、大连医科大学、温州医科大学、贵州医科大学、福建医科大学、广东医科大学、蚌埠医学院、浙江中医药大学、广西中医药大学、西南医科大学、重庆医科大学、广西医科大学 16 所地方医学院校,兼顾中医类与西医类院校、省属重点与地方一般院校、直辖与非直辖城市、省会与非省会城市。每所医学院校都有一定的办学历史,覆盖全国 12 个省(市)。

二、主要分析结果

(一)16 所医学院校本科教学质量报告基本情况的分析

1. 报告篇幅

根据对 16 所医学院校本科教学质量报告的字数统计可以发现,各个学校的报告具有篇幅长短不一的特点。报告篇幅较长的前 3 所医学院校分别是徐州医科大学(65 350 字)、重庆医科大学(37 037 字)、承德医学院(35 188 字);报告篇幅较短的后 3 所医学院校分别是广西医科大学(15 429 字)、西南医科大学(16 798 字)、广西中医药大学(17 444 字)。报告中质量保障体系部分占比前 3 所医学院校分别是广西中医药大学(18.91%)、西南医科大学(16.64%)、浙江中医药大学(16.58%);报告中质量保障体系部分占比后 3 所医学院校分别是贵州医科大学(2.95%)、广东医科大学(3.10%)、徐州医科大学(5.68%)。16 所医学院校本科教学质量报告平均字数为25 920字,质量保障体系部分平均字数为 2 864 字。16 所医学院校本科教学质量报告字数统计见表 4 - 3。

表 4 - 3　16 所医学院校本科教学质量报告字数统计表

高校名称	质量报告字数	质量保障体系字数及比例
徐州医科大学	65 350	3 712(5.68%)
重庆医科大学	37 037	5 409(14.60%)
承德医学院	35 188	5 644(16.03%)
哈尔滨医科大学	30 792	3 643(11.83%%)
长治医学院	27 948	4 072(14.57%)
广州中医药大学	25 598	3 201(12.50%)
大连医科大学	22 158	2 399(10.83%)

续表 4-3

高校名称	质量报告字数	质量保障体系字数及比例
温州医科大学	21 960	3 277(14.92%)
贵州医科大学	21 580	636(2.95%)
福建医科大学	20 463	1 591(7.78%)
广东医科大学	20 009	621(3.10%)
蚌埠医学院	19 177	1 409(7.35%)
浙江中医药大学	17 791	2 950(16.58%)
广西中医药大学	17 444	3 299(18.91%)
西南医科大学	16 798	2 795(16.64%)
广西医科大学	15 429	1 178(7.63%)

2. 人才培养目标

培养目标定位至关重要,是开展人才培养活动的出发点与落脚点。目标定位后就是发挥自身优势凝练特色。每所学校能够生存,能够发展,能够出名,依靠的主要是特色,而不是大,因为大不等于强。人才培养目标规定着教育活动的性质和方向,且贯穿于整个教育活动的始终。各医学院校在人才培养目标的制定上更加注重与学校实际人才培养成效相结合,更切实反映毕业后一段时间在社会与专业领域的实际预期发展(贵州医科大学、广西中医药大学只阐明学校的定位与发展目标,对人才培养目标无相关文字表达)。从人才培养目标的功能上看,各医学院校对人才的社会作用、职业角色进行具体描述,带有鲜明的行业特色。对于人才的社会作用,主要集中于"适应国家及区域医药卫生事业发展和经济建设需要"。从人才培养目标的素质上看,16 所医学院校都对素质做了详细表述,出现频率较高的词语为:能力、实践、创新、视野、精神、素质、基础、知识、理论、责任感、批判思维、岗位胜任力等。其中,"能力"表达最多的是"实践能力"和"创新能力";"创新"是"创新精神"和"创新能力";"实践"是"实践能力";"精神"是"创新精神"。从人才培养目标的类型上看,大部分高校对人才培养的类型进行了具体阐述,注重培养"高水平"

"高素质""应用型""复合型""创新型"人才。16所医学院校本科教学质量报告的"人才培养目标"见表4-4。

表4-4 16所医学院校本科教学质量报告中的"人才培养目标"内容对比

高校名称	人才培养目标
徐州医科大学	着力培养适应国家及区域医药卫生事业发展和经济建设需要的具有职业素质、实践能力、国际视野和创新精神的高素质专门人才和高水平创新人才
重庆医科大学	培养具有医学人文精神、医学科学精神、社会责任感和国际视野的高水平医学人才和引领医学发展的精英
承德医学院	培养德智体美全面发展,基础扎实,具有较强的学习能力、实践能力和创新能力的应用型人才
哈尔滨医科大学	培养适应新时代社会经济发展需要,基础扎实、知识面宽、能力强、素质高,富有创新精神,能够从事医药卫生技术、研究、管理和咨询工作的德智体美劳全面发展的医学人才
长治医学院	立足山西、面向全国、服务区域社会,培养实践能力强、具有岗位胜任力的高素质应用型医学人才
广州中医药大学	突出中医药特色和优势,形成有利于培养学生创新创业精神和实践能力素质的人才培养模式。着力培养基础扎实、社会适应能力强、具有创新理念和批判思维的高素质拔尖人才和创业能力强的应用复合型人才
大连医科大学	培养科学精神和人文精神相结合,实践能力强的应用型、创新型人才
温州医科大学	培养具有良好道德品质、公民意识和社会责任感,热爱祖国、遵纪守法、热心公益、乐于奉献;掌握扎实专业知识,具有相应自然科学和人文社会科学知识;具备批判性思维和解决问题能力,较强专业技能和实践应用能力;具有良好语言文字表达能力、组织管理能力、信息应用能力和终身学习能力;具备一定的创新创业意识和开放视野;适应经济社会发展需要、符合行业需求与岗位胜任力的复合应用型人才

续表 4-4

高校名称	人才培养目标
贵州医科大学	—
福建医科大学	培养德、智、体、美、劳全面发展,具有高度的社会责任感、良好的人文素养和职业道德,具备实践能力、批判思维和终身学习能力,具有一定的创新创业意识和国际化视野,适应经济社会发展需要,具备岗位胜任力的高素质人才
广东医科大学	培养具有坚定理想信念、崇高职业道德、强烈社会责任、深厚人民情怀,富有良好科学精神、创新素质、国际视野,理论基础扎实、实践能力突出、人文素养厚实,服务卫生健康事业和经济社会发展的高素质应用型人才
蚌埠医学院	培养具有良好思想道德素质、扎实的理论功底、较强的动手能力和创新精神,且有一定发展后劲的应用型人才
浙江中医药大学	基本知识、基本技能、基本素质相协调,口径宽、基础厚、能力强、创新型的一流中医药人才和有中医药背景的复合型人才
广西中医药大学	—
西南医科大学	培养具有社会责任感、良好人文素养和科学精神、扎实专业基础知识、较强专业实践能力和一定创新意识,德智体美劳全面发展的高素质应用型人才
广西医科大学	培养德医兼修、理论厚实、技能突出、创新引领、担当有为,具有大健康理念和国际视野的高素质人才

3. 需要解决的问题

查阅各报告对比发现,16 所医学院校目前普遍存在的问题涵盖办学资源、专业内涵建设、教学改革力度、教育理念、师资队伍水平、创新创业教育等方面。广州中医药大学、贵州医科大学只阐明改进措施,未指出问题。16 所医学院校本科教学质量报告对"需要解决的问题"的分析情况见表 4-5。

表4-5 16所医学院校本科教学质量报告中的"需要解决的问题"内容对比

高校名称	需要解决的问题
徐州医科大学	1. 学校现有的办学资源仍然不能满足高水平医科大学发展的需要 2. 学校在快速发展过程中,教师队伍和专业建设发展迅速且有发展不均衡现象出现,教学内涵建设要及时加强 3. 学校要进一步加强临床教学基地建设,特别是直属和非直属附属医院的同质化建设;要进一步加强社区卫生服务教学基地的建设和管理
重庆医科大学	1. 教学质量保障组织机构尚需健全和完善 2. 本科教育教学激励力度仍有待加强 3. 师资队伍国际化程度不高
承德医学院	1. 教学改革有待深化 2. 专业建设需要加强 3. 教学信息化建设力度不足
哈尔滨医科大学	1. 教学基本条件需进一步优化 2. 教学管理水平有待进一步提高 3. 教学改革有待进一步深化 4. 师资队伍建设有待进一步加强 5. 办学国际化水平有待进一步提高
长治医学院	1. 教学过程有待进一步规范和完善 2. 教学质量评价机制有待进一步完善
广州中医药大学	—
大连医科大学	1. 教学质量评价、指导与监督工作需进一步完善 2. 自主学习能力培养体系还不够完善
温州医科大学	互联网信息技术和医学科教优势融合需进一步提升
贵州医科大学	—

续表 4-5

高校名称	需要解决的问题
福建医科大学	1. 现有师资队伍教学信息技术运用有待加强 2. 教学管理队伍力量薄弱 3. 信息平台一体化有待加强
广东医科大学	1. 教学资源保障能力与办好高水平本科教育的目标还不完全匹配 2. 专业建设水平与建设高水平医科大学的定位还不完全吻合 3. 高素质的师资队伍与培养高素质人才的要求还不能完全适应 4. 教育教学改革力度与高等教育改革发展的要求还有一定的差距
蚌埠医学院	1. 对人才培养中心地位的认识需进一步提高 2. 教学工作激励约束机制有待进一步完善 3. 本科教学质量意识仍需加强
浙江中医药大学	1. 新专业建设有待进一步加强 2. 创新创业教育有待进一步加强
广西中医药大学	1. 教育观念落后 2. 发展不平衡 3. 教学水平不高 4. 创新创业水平不高
西南医科大学	1. 教师的交流力度需进一步加大 2. 学生学业发展、职业发展、心理发展等个性化指导服务需进一步加强
广西医科大学	1. 教师教学能力有待提高 2. 专业内涵建设有待深化 3. 课程建设质量有待提升

4. 特色发展

学校办学特色是学校的竞争力与生命力。特色是高校在长期办学过程中积淀形成的、本校特有的、优于其他学校的独特优质风貌。综观16所医学院校的《本科教学质量报告》，各医学院校对本科特色发展这一部分的重视程度不同：部分院校内容翔实与敷衍概括并存，叙述内容太过宏观。总体来说，各院校从自身实际出发，紧密结合区域和行业特色，利用学科优势与特色，为行业培养高素质的专门人才。凸显行业特色是医学院校办学的一大特色。如哈尔滨医科大学发起成立中俄医科大学联盟，108所医学院校陆续加入，是中俄两国建立的规模最大、参与院校最多的高等学校合作联盟，创建中俄医学教育合作新模式，加快学校教育教学国际化步伐，为中俄医学院校交流与合作搭建平台。徐州医科大学坚持"办好徐医就是办好麻醉，办好麻醉就是办好徐医"，从资源配置、经费投入、政策保证等方面向麻醉学专业倾斜，集中全力加快麻醉学专业的建设和发展步伐，2018年，中国科学评价研究中心、武汉大学中国教育质量评价中心和中国科教评价网（www.nseac.com）联合推出《中国大学及学科专业评价报告（2017—2018）》：该校麻醉学专业作为5★专业排名第一。经过"实践—总结—再实践"的多次升华，使麻醉学专业不断完善，趋于成熟，特色优势更加明显。重庆医科大学凝练和传承"厚德仁爱、无私奉献"的上医精神。大连医科大学对"继承弘扬优良传统，学生实践能力强""探索出了省属地方院校'学科—师资—教学'内生机制"进行了详细的介绍，图文并茂。16所医学院校本科教学质量报告中的"特色发展"内容见表4-6。

表4-6 16所医学院校本科教学质量报告中的"特色发展"内容对比

高校名称	特色发展
徐州医科大学	1. 创新发展，精心打造麻醉学优势专业 2. 关联性拉动，全力打造新的特色和优势学科专业 3. 案例教学法，以点带面成效显著
重庆医科大学	1. 凝练和传承"厚德仁爱、无私奉献"的上医精神 2. 重视思想政治及医学人文素质教育，培育医学人文精神和奉献意识
承德医学院	"四贯通、四结合"聚焦课程思政，以"红医精神"铸魂育人

续表 4-6

高校名称	特色发展
哈尔滨医科大学	1. 以教学为中心,长期致力于临床教学基地优化建设 2. 依托理科基地,培养基础医学拔尖人才 3. 牵头中俄医科大学联盟,创建中俄医学教育合作新模式 4. 创办新专业,培养国家急需人才 5. 整合教学资源,探索"5+3"一体化人才培养模式
长治医学院	1. 发扬红色传统,强化精神文化的育人功能 2. 依托"三个课堂",建设特色鲜明的校园精神文化
广州中医药大学	不忘初心,保持"注重经典回归临床"这个特色。遵循中医经典传承的规律,遵循中医人才成长的规律,遵循中医教育教学规律,继续坚持"立足临床学经典,应用经典强临床"的改革思路,着力铸造"四个强化":强化中医经典教学,强化中医思维培养,强化中医临床能力,强化中医文化素养
大连医科大学	1. 继承弘扬优良传统,学生实践能力强 2. 探索出了省属地方院校"学科—师资—教学"内生机制
温州医科大学	1. 重视本科教育教学,教育资源优先向本科配置 2. 深化教育教学改革,加快建设一流本科教育 3. 优化结构完善制度,大力推进教师教学发展
贵州医科大学	1. 创新开办"协和班"、培养医学拔尖人才 2. 以一流本科专业建设为核心,全面实施学校双一流建设 3. 做好农村订单定向医学生免费培养工作 4. 大力推进课程改革
福建医科大学	1. 加强课程内涵建设,提升课程建设水平 2. 坚持以本为本,推进"四个回归"
广东医科大学	1. 拓展优质临床资源,实现医教研协同发展 2. 创新仁爱教育,塑造崇德尚仁品格 3. 扎根基层医疗建设,守护基层人民健康
蚌埠医学院	—

续表 4-6

高校名称	特色发展
浙江中医药大学	1. 开展大教研室建设 2. 开展中药学专业远志班建设 3. 开展新医科建设
广西中医药大学	1. 把壮医药、瑶医药学术成果融入医学人才培养体系,培养具有地方特色的民族医药人才 2. 推行实习病种与临床技能量化考核,创新后期临床教学质量评价与保障机制 3. 将"大医精诚"融入素质教育,培养学生良好职业素养
西南医科大学	坚持德业双修,培养"实践能力强、综合素质高"的应用型医学人才
广西医科大学	1. 新时代"德医交融"育人模式的建构与实践 2. 以"金专""金课"为抓手,全面推进"双万计划"

说明:蚌埠医学院未明确指出特色

(二)16所医学院校本科教学质量保障体系的分析

1. 人才培养中心地位落实情况

各医学院校坚持把本科教学作为学校最基础、最根本的工作,始终围绕"培养什么人、怎样培养人"这一核心问题配置资源、管理运行,基本都建立了人才培养质量第一责任人制度,切实保障本科教学中心地位得到落实。《哈尔滨医科大学章程》和《哈尔滨医科大学"十三五"改革和发展规划》中明确提出学校以人才培养为根本任务,开展教育教学、科学研究、社会服务、文化传承创新、国际交流合作活动,不断提升人才培养质量。蚌埠医学院党委、行政把本科教学作为中心工作列入重要议事日程,通过召开党委会议、院长办公会、年度教学工作会议和日常教学工作例会等形式,总结教学工作成绩与问题,研究教学改革方向与思路,明确年度教学目标与任务。广西中医药大学在《广西中医药大学章程》中明确提出:"学校以人才培养为根本任务,开展教育教学、科学研究、社会服务和文化传承创新等活动"。广州中医药大学在实施学校《关于全面深化改革、推动科学发展的实施意见》《高水平大学建设总体规划(2015—2020年)》《高水平大学建设改革方案(2015—2020年)》《"十三五"发展规划(2016—2020年)》和《"十三五规划"发展专项规划》的具体过程中，始终将人才培养工作作为首要内容。《西南医科大学章程》中明确规定："以人才培养为中心，开展教学、科研和社会服务，保证教育教学质量达到国家规定的标准"。《徐州医科大学章程》中明确规定："人才培养为学校的根本任务，教学工作是学校的中心工作"。《重庆医科大学章程》中明确规定："学校以人才培养为中心任务"。

2. 校领导班子研究本科教学工作情况

各医学院校领导十分重视教学工作，党委常委会、校长办公会对有关教学工作的重大议题进行讨论。如哈尔滨医科大学设有教学指导委员会，加强对教学工作的指导；由校领导做组长，学校每年进行一次教学工作的全面检查，通过查阅教学资料、走访和座谈等形式，深入了解教学情况，查找不足并解决教学中的实际问题。蚌埠医学院校领导直接参与本科教学工作的管理与监督，积极落实校领导听课、巡考和联系基层制度。承德医学院建立了校领导联系院（系）、学生班、优秀青年教师、学生年级辅导员制度和听课制度；学校领导还承担了大学生党课教学、学生思想政治教育、新教师入职教育等专题讲座工作。大连医科大学固化每学期开学的第一次校长办公会专题研究本科教学相关事宜；建立校领导联系二级学院制度，定期召开本科教学指导委员会议。广州中医药大学规定：教学方面的重要改革方案，专业重大改革调整方案在提交党委讨论决定之前，应由校长办公会议研究、审议；将本科教学工作作为年度工作和学期重点工作的重要内容，由学校党委全委会集体研究决定并抓好落实。温州医科大学对人才培养工作中的重大问题，主要领导都能亲力亲为、主抓直管。

3. 教学质量保障制度情况

各医学院校围绕本科教学质量的监控和管理相应推出了一系列的文件制度，以此实现本科教学的规范化管理。哈尔滨医科大学制定了《哈尔滨医科大学普通高等医学教育教学质量标准》《哈尔滨医科大学普通高等教育教学管理工作指南》《哈尔滨医科大学教学质量评价实施方案》《哈尔滨医科大学学生教学信息反馈与处理制度》，修订了《哈尔滨医科大学普通高等教育学生管理规定》《哈尔滨医科大学本科教学督导工作条例》等，覆盖教学运行各个环节。《承德医学院教学管理章程》(2018版)共收录了涵盖培养目标和计划、资源条件、培养过程、培养结果等方面的65项管理制度和规定，使教学质量保障工作有章可循、有据可查、有标可对。大连医科大学根据办学定位和人才培养目标，对《大连医科大学本科教学质量标准》进行了重新修订，进一步规范为教学过程、教学管理、教学条件和教学质量保证与评价，共4大类12小类教学质量标准体系，涵盖教学各环节54个质量标准。广西中医药大学制定了《主要教学环节质量标准》《课堂教学基本规范》等制度，明确了教学各环节的质量标准，在教师教学质量、学生学习质量、教学管理质量等方面都制定了相应的制度。

4. 教学质量保障体系建设情况

通过对比报告发现，有些医学院校虽然没有明确写明学校的教学质量保障体系，但每所医学院校基本都谈到教学督导、学生评教机制。承德医学院建立了由质量标准、条件保障、质量监控和反馈改进4个部分构成，以教学工作委员会为领导机构，教务处为主导、高等医学教育研究室、学生处和其他职能部门辅助的教学质量保障体系，对办学宗旨、培养方案、培养过程和资源配置、培养结果等各个环节进行质量保障。蚌埠医学院抓住人才培养质量"一个核心"，围绕教与学"二个方面"，贯穿学校、院系、教研室"三个层次"，强化质量目标、资源保障、质量监控、质量改进"四个维度"，形成了"一二三四"质量保障模式，确立了"五位一体"质量保障体系(图4-2)。大连医科大学构建了以学生为中心、以社会需求为导向、以持续动态改进为动力的本科教学质量保障运行的PDCA体系(图4-3)；学校构建了"专家评价、学生评价、教学管理"三个平台、贯穿全部教学活动的"三维立体"教学质量监控体系(图4-4)。广西中医药大学建立了"三层次、三主体、三环节"的内部教育质量保证体系，从"学校、学院(教学部)、教研室"三个层次，从"教师、学生、管理人员"三个主体对"教师教学、学生学习、教学管理"三个环节开展教师教学质量评价(评教)、学生学习质量评价(评学)、教学管理工作评价(评管)。温州医科大学持续推进实施学校教学质量监控"五大体系"(组织体系、职责体系、信息体系、闭环管理体系、质量标准体系)，持续推进实施学校、学院、专业、课程、课堂"五位一体"评估体系建设，推进全程形成性评价系统、专业评估与认证信息化系统、教学基本状态数据库建设"三大平台",完成《在校生学习成长分析报告》《毕业生质量分析报告》《本科教学状态分析报告》《本科教学质量报告》《专业教学质量分析报告》《课程课堂教学质量分析报告》等系列报告。西南医科大学构建了全员参与、全程监控、全面改进、循环闭合的内部教学质量保障体系和运行模式;教学质量保障体系由"教学决策系统、教学运行系统、条件保障系统、质量监控系统、信息收集系统、质量改进系统"6个子系统组成。长治医学院建立了"五位一体"教学质量保障体系和"两级三维四度"质量保障模式。浙江中医药大学建立了较为完善的内部质量保证与外部质量监控相统一的"12363"质量保障体系,即一个理念(质量立校理念),二个结合(内部保障和外部监控相结合),三级质控(学校—学院—基层教学组织三级质控),6项措施(数据监测、评估、检查、督导、评价、考核),三方反馈(利益方、管理者、社会),从质量标准建立、内部评估和外部监测信息的采集和数据的分析、信息的反馈、持续的改进等环节进行闭环管理,确保人才培养质量。重庆医科大学教学质量保障体系由质量决策体系、质量标准体系、质量监控体系、质量评估体系、质量反馈体系和条件保障体系6个部分组成,形成一个完整的质量控制闭环,围绕人才培养质量保障这个中心点,有效地进行顶层设计和具体的教学组织与实施。可见,各医学院校都在已有基础上寻找适合自身特色发展的教学质量保障体制和机制,但年度报告中并未详细呈现,质量保障体系建立的科学性与系统性还有待进一步研究。

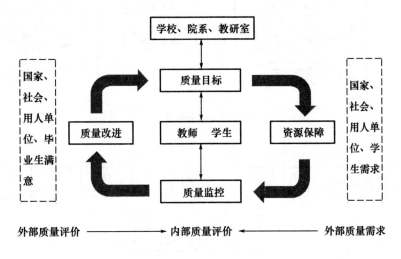

图4-2 蚌埠医学院本科教学质量保障体系运行模式框架图

■ "以学生为中心"的地方院校本科教学质量保障体系研究

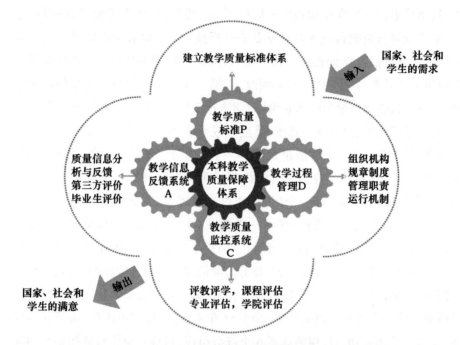

图 4-3 大连医科大学教学质量保障运行 PDCA 体系结构图

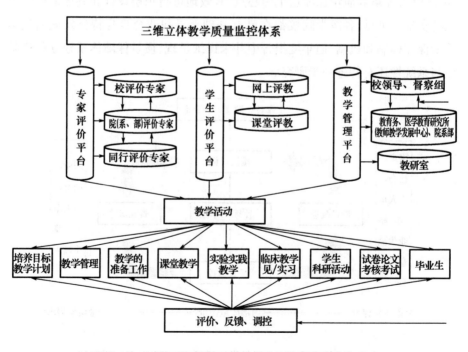

图 4-4 大连医科大学"三维立体"教学质量监控体系

5. 教学质量监控队伍建设情况

通过对比报告可以发现,各校教学质量监控队伍一般包括校领导、校院两级督导、学生、同行、相关行政管理人员等。有些高校虽然没有明确地写明自己的质量监控队伍,但是各高校对于教学质量的监控都十分重视。哈尔滨医科大学实行听课制度,对党政领导和教学管理人员听课次数提出具体要求;校教学督导每半月收集一次《学生教学信息反馈单》,及时反映教学中的问题;成立高教研究与教学质量评估中心,协助学校教学督导委员会开展课堂教学质量评估工作,进一步完善学校的教学质量保障机构建设。大连医科大学根据目标性、系统性、全员性、全程性原则,构建了科学完善的"三层次、三过程、三职能"的质量保障体系组织架构(图4-5)。广州中医药大学实行学生教学信息员制度,每个学生班级聘请1~2名学生担任教学信息员,每个学院聘请1~2名学生担任教学信息员负责人;设立学生校长助理,运营校长助理微信公众服务号,举办校长晚餐论坛收集学生意见、建议和诉求。徐州医科大学成立了教学信息中心,组织学生教学信息员参与其中,建立学生教学信息反馈机制。广西医科大学加强学生信息员团队建设,开展学生教学信息员培训和优秀学生教学信息员表彰,通过"学校教学质量管理科—各学院(或专业)信息员负责人—班级信息员—班级学生"四级管理模式,实现对全校学生参与教学质量评价的线上及线下管理。

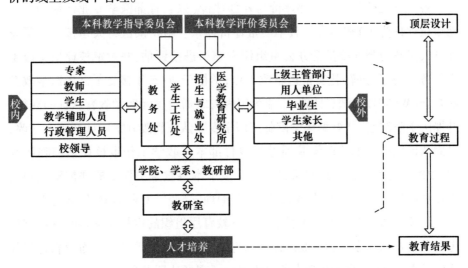

图4-5 大连医科大学教学质量保障体系组织机构图

6. 教学过程的监控与管理

各医学院校对于教学质量的监控已经形成一个比较完善的体系,做到日常监督和专项教学质量检查相结合。福建医科大学坚持教学检查、听课制度、校院两级教学督导、学生教学信息员、学生评教、教师评学等监控手段,进一步规范教学管理,提高教学质量。广西医科大学建设集"学院—专业—课程—课堂"四位一体评估、常态化质量监控以及大数据决策支持分析为一体的"广西医科大学校情与教学质量动态监测平台"的搭建工作并试运行。为做好培养过程监控,及时发现并解决教学中存在的问题,承德医学院建立了教学工作会议制度、校领导教学调研制度、教学督导制度、教学运行周报制度、多层次听课制度、三级教学检查制度、校领导助理和学生信息员制度、考试质量分析制度、毕业论文(设计)检查、教学质量评价制度、学习效果评价、教学改革评价、专项评估制度。浙江中医药大学开展院长教育述职评议工作,学院(部)院长(部长)围绕对教学工作的重视度、践行立德树人根本使命、教学改革创新、学生创新实践能力培养、师资队伍建设、教学质量保障、教学工作成效以及对存在问题的分析8个模块进行阐述。

7. 教学质量评价体系建设

各医学院校建立了内部评价与外部评价(以教育部医学专业认证和教育部审核评估为主)相结合的教学质量评价体系。哈尔滨医科大学接受了黑龙江省人民政府督导委员会办公室组织专家组进校评估,并对审核评估整改工作任务进行了分解,扎实推进整改工作;学校于2006年接受了世界医学教育联合会(WFME)的试点性认证,成为国内首家通过国际医学教育认证的院校。蚌埠医学院制定了《蚌埠医学院临床医学专业认证整改方案》,认真落实整改,巩固认证成果。承德医学院通过了教育部本科教学工作审核评估和临床医学、中医学专业认证。温州医科大学完成了本科教学工作审核评估整改回访工作和临床医学新一轮专业认证工作,护理学、药学专业2016年通过教育部专业认证。西南医科大学接受了四川省教育厅组织的审核评估整改专家进校考察和教育部临床医学专业认证专家进校考察。徐州医科大学通过教育部临床医学专业认证,临床药学专业接受进行了现场认证考察。

16所医学院校在本科教学质量保障体系上既有高等院校的共性特征,也有其特色。各医学院校在人才培养目标、特色发展、存在的问题等方面均有一定差异。不过作为高校的根本,本科教学质量保障体系则有相同或相互借鉴之处。纵观16所医学院校的教学质量保障体系,各医学院校不断强化本科教学质量意识和质量管理,都建立健全了多主体参与、多类型评价、校院两级的本科教学质量监控保障体系,积极吸引学生参与教学质量管理与评价,建立了学生教学信息员制度,有力保障了人才培养质量的提高。

第五章 高校本科教学质量保障体系案例研究

基于第一章文献综述、第三章我国高校本科教学质量保障体系的现状分析以及第四章我国高校本科教学质量保障体系的文本性分析,本章采用案例研究法,选取同济大学、厦门大学、中国石油大学(华东)、东莞理工学院、南方医科大学、广西医科大学以及美国得克萨斯州农工大学作为典型案例,对这7所中外高校教学质量保障的实践进行案例分析(未经特别说明的数据信息,来源于学校的官网和历年的本科教学质量报告),为后续的理论和实证研究提供可资借鉴的指标,为构建地方院校本科教学质量保障体系奠定基础。

第一节 同济大学本科教学质量保障体系

一、同济大学概况

同济大学创办于1907年,是我国"985工程"和"211工程"建设高校。2017年,列为国家世界一流大学建设高校。截至2019年11月,同济大学设有29个专业学院,学科设置涵盖工学、理学、医学、管理学、经济学、哲学、文学、法学、教育学、艺术学10个门类,有本科招生专业84个。

同济大学的人才培养目标是:以本科教育为立校之本,围绕培养德智体美劳全面发展的社会主义建设者和接班人这个核心任务,以培养拔尖创新人才为崇高使命和责任,坚持以学生为本的人才培养理念,以"培养德智体美劳全面发展的社会主义建设者和接班人,培养引领未来的社会栋梁与专业精英"为人才培养目标,努力培养具有"通识基础、专业素质、创新思维、实践能力、全球视野、社会责任"等综合特质、能够引领未来的社会栋梁与专业精英。

二、同济大学教学质量保障机构

在学校章程中规定,学校教务委员会是学校教学工作决策机构,职责是审议人才培养与提高教学质量的重大政策与措施等,是学校教育教学质量保证的领导机构;成立与教务处、研究生院平行的教学质量管理办公室,作为学校教学质量保证工作的管理机构和教务委员会的办事机构。同济大学于2005年专门成立独立的教学质量管理办公室(简称"质管办"),专职人员编制9名,下设质量督导科和质量评价科。同时,建立校院两级督导和校内外评价的专家队伍(共近800人),以及相关部门和各院系的质量管理员队伍(共近80人)。与本科生院和研究生院密切配合,担当教学工作"纪检"的角色,坚持督导和评价"两手抓",从"日常监督""定点监督""定期监督"和"公众监督"4方面进行常态监测和反馈控制。"质管办"工作任务如下:

(1)负责《同济大学本科教学质量保证体系》和《同济大学研究生教育质量保证体系》的运作管理,与时俱进,不断完善同济特色的质量保证体系。

(2)紧紧围绕学校工作中心,以提升人才培养质量为核心,协助主管校领导做好本科和研究生教育教学质量管理工作,保证学校教育教学质量保证体系的正常运行。

(3)研制学校教育教学督导与评价工作的有关文件、指标及方案,加强督导与评价组织队伍建设,不断提升专业服务能力,建立健全人才培养质量督导与评价体制机制。

(4)负责组织落实"四监督"(日常监督、定点监督、定期监督、公众监督)工作,负责协调、落实校内外各类教育教学评估、专业认证、课程评价和教学检查等。汇总、统计各个工作机构和监督单位等提交的有关表格、数据、报告等,编制和发布各类教育教学质量系列报告。

(5)负责督促各教学质量保证机构工作的改进、落实,实现持续改进,加强督导评价工作与教学基层组织建设、教师发展中心工作之间的联动。

(6)负责学校教育教学质量保证的专业化、信息化、国际化建设;加强校院两级督导组织、专家和质管员队伍建设,开展业务培训和科研活动;建设全校教育教学状态数据和常态监测平台;加强与相关组织的交流合作,在国内外保持领先和扩大影响力。

(7)完成校教务委员会、校督导与评价委员会和校领导交办的其他各项任务。学校在每个工作机构都设立教学质量管理员,负责本单位教育教学质量相关因素的保证、监控是否达到了质量要求。

三、同济大学本科教学质量保障体系及相关规章制度

同济大学教学质量保障体系借鉴了质量管理理论的思想和方法,主要包括教学资源管理和教学过程管理,构建了"全方位监控、多阶段跟踪、持续性改进、本研全覆盖"的本科教学质量保障体系(图5-1)。

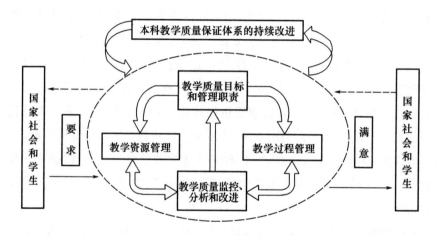

图5-1 同济大学教学质量保障体系

学校制定了《同济大学校院两级教学督导工作实施办法》《同济大学本科课程教学质量要求》《同济大学本科和研究生听课评价表》《同济大学关于本科课程教师助课制度的规定(试行)》等文件,以保障教学质量管理与实施。

四、同济大学教学质量保障中的评价

同济大学实行"督导和评价双轮驱动、执行和监督全程联动"的工作机制。设立日常监督、定点监督、定期监督、公众监督4种方式,对各环节进行监督和

评价;按照监督—反馈—改进—跟踪的闭合循环,设计"教学质量保证工作监控表";通过"监控表"反馈问题、跟踪改进情况,形成持续改进的工作程序。

(1)日常监督包括课堂教学评价制度、课程评价制度、研究生开题报告工作检查等。对课堂教学的评价方面,首先要求督导必须了解所听课程的教学大纲,要征询学生意见,要和教师交流;此外,督导还要了解教学资源保障教学的状况。对课程的评价包括督导的评价、学生的评价以及教师的自评,从3个视角评价一门课程教的水平与学的收获。2018—2019学年,学生评教覆盖了82.75%的课程,学生评教优良率为99.35%。

(2)定点监督包括试卷出题质量分析制度、毕业设计(论文)抽查制度、学生成长发展评价制度等。将试卷送外校担任同样课程的教授评价学校试卷的出题质量,请校内外专家检查毕业设计(论文)的质量,不定期对学生学业成绩,能力与素质发展等数据进行分析和评价。

(3)定期监督包括定期开展的专业评估制度、学生学习经历调查制度、学院(系)教学管理与质量保证工作评价制度、学院(系)本科和研究生教学基本状态考核制度、学院(系)办学绩效评估制度、发布本科及研究生教学质量年度报告、办学质量白皮书、社会影响蓝皮书、毕业生就业质量报告等。

(4)公众监督是学校建立的多视角评价、多节点监控、多阶段跟踪的人才培养调查和评价制度、外部认证或评估制度等。每年对在校生、毕业生、校友、用人单位等开展调查,通过对进校时、在校中、毕业时、毕业后各阶段评价数据的采集和分析,改进学校的教育教学工作;参加工程教育认证、各类学科专业评估、学科国际评估、本科教学工作审核评估等外部质量监督,将质量保证从学校内部拓展到全社会。

第二节　厦门大学本科教学质量保障体系

一、厦门大学概况

厦门大学创办于1921年,是我国"985工程"和"211工程"建设高校。2017年,入选国家公布的A类世界一流大学建设高校名单。截至2019年12

月,厦门大学设有研究生院、6个学部以及29个学院和15个研究院,形成了包括人文科学、社会科学、自然科学、工程与技术科学、管理科学、艺术科学、医学科学等学科门类在内的完备学科体系,有本科专业99个。学校内部质量保障体系(Internal Quality Assurance,IQA)入选联合国教科文组织所发起的"高等教育内部质量保障优秀原则和创新实践研究典型案例",是中国也是东亚地区唯一入选高校。

厦门大学的人才培养目标是:致力于培养德智体美全面发展的精英人才,为国家富强、民族复兴和人类文明进步做出卓越贡献。2019年,学校发布《厦门大学一流本科教育行动计划》,进一步确立了"构建宽口径、厚基础、跨学科、国际化、重实践、求创新、多元化的人才培养体系,培养具有家国情怀、全球视野和创新精神、基础扎实、能力突出、德智体美劳全面发展的拔尖创新人才"的一流本科建设目标。学校致力于培养具有引领性、人文性、时代性、开放性的精英人才,既要有家国情怀、全球视野、远大理想,又要基础扎实,有过硬的为祖国为社会服务的本领与才干,能够成为各行各业的领军人才,为推动世界科学技术发展、引领人类文明进步方面贡献智慧和力量。

二、厦门大学教学质量保障机构

《厦门大学教学委员会章程》中规定,教学委员会"指导学校建立教学质量标准,对本科教学质量进行监督和评估"。学校建立教务处、学生处、教师发展中心、学院等多单位协同质量管控机制,不断完善教学督导制度、党政领导干部听课制度、校领导听课日制度、同行听课制度,强化日常教学检查,对本科课堂教学过程进行实时监测、预警和调控。

三、厦门大学本科教学质量保障体系及相关规章制度

学校基于联合国"IQA"项目研究成果,进一步强化"以生为本、成果导向、持续改进"的质量保障理念,聚焦课堂教学、教学能力和质量文化建设,完善以年度评估为抓手,以常态数据监测为基础,以日常教学监控、课程质量评估、学生学习经历调查和毕业生跟踪调查为手段,涵盖人才培养全过程、教育教学各环节的"自我约束、自我检查、自我完善、自我提升"的校院两级内部质量保障

机制,逐步建立起具有世界标准、中国特色、厦大传统的内部质量保障模式。2018年,"国际标准中国特色的'厦大IQA模式'研究与实践"项目获国家级高等教育教学成果二等奖。学校建成了"自我检查→自我诊断→自我反馈→自我整改"的四步交互的IQA闭环运行机制(图5-2),从而实现对人才培养全过程的动态的质量监控与保障。

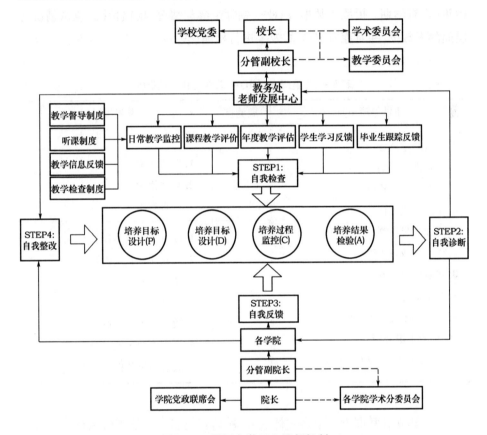

图5-2 厦门大学IQA运行机制

学校制定了《厦门大学党政管理干部听课制度(2019年修订)》《厦门大学本科教学督导管理办法》《厦门大学教学委员会章程》《厦门大学本科课程考核管理办法》《厦门大学教学事故认定与处理办法》《厦门大学在线开放课程建设标准(试行)》等文件以保障教学质量管理与实施。目前,学校共出台了包括课程教学计划管理、运行管理、学生管理、实践教学管理、教学改革管理、质量保障等近80项规章制度,实现了本科教育教学的全过程覆盖与保障。

四、厦门大学教学质量保障中的评价

厦门大学结合 UNESCO/IIEP 项目,进一步拓展早期的 IQA 检测工具,形成了包括课程教学测评、专业课程评估等 11 项 IQA 工具,通过设计调查系统逐年(也有学期)提取大数据,由此挖掘师生参与情况、反馈情况、改进情况等层面的大数据,并对原有 IQA 的效果进行检测(表 5-1)。

表 5-1 厦门大学 IQA 工具及其观测指标

质量保障工具	观测点	观测指标
1. 课程教学测评	参与情况	参与频率
2. 专业课程评估	反馈情况	1. 反馈频率
3. 教学指导或检查		2. 数据使用
4. 专业自我评估		3. 是否有用
5. 专业质量检测	改进情况	1. 改进课程教学连贯性
6. 学生课业负担评估		2. 更新课程教学内容
7. 毕业生跟踪调查		3. 拓宽专业口径
8. 学生能力评估		4. 提高教师教学水平
9. 用人单位满意度调查		5. 改进学生的学业评价
10. 就业市场分析		6. 增强毕业生就业能力
11. 用人单位参与教学计划修订		7. 改善学习条件

(1)建立日常课堂教学多主体、多层次监督机制。一是严格执行党政管理干部听课制度,形成校领导、机关部处、院系党政领导及管理干部深入教学一线听课,解决教学问题的良好工作机制。二是聘请政治素质好、业务能力强、教学经验丰富的教师组成院、校两级教学督导组,采取全面检查、专题检查、随机抽查相结合的方式,通过听课、教学检查、师生座谈会、实地考察、检查教学档案等方式,开展教学督导工作。三是依托课程组建立同行听课制度,每学期每人听课不少于 2 次,听课应覆盖课程组全部课程。四是通过本科教学评估等形式建立专家听课制度。四级听课制度相互补充、各有侧重,形成常态化的课堂教学监控机制。

（2）完善课堂教学质量多主体、多维度评价制度。学校从学生学习的角度出发，以学生自身的学习体验和学习成效为考察指标对每门课进行课堂教学测评，并结合校内评估与日常督导检查等，建立了学生评价、督导评价、专家评价等课堂教学综合评价机制。将学生知识获取程度和能力提升程度作为衡量课程教学质量的核心标准，推进多主体参与，形成性评价与终结性评价相结合，充分发挥"以评促教、以评促研、以评促管"作用，全面提高课程教学质量。

（3）完善学习经历调查机制。2018—2019学年，学校第11年组织本科生学习经历调查，从学生学习的内驱动力、学习活动的过程、学习收获的满足程度以及对教育的满意程度等方面进行全面的监测与考评，完成了2017级本科生、2019届毕业生本科教育质量调查。学校进一步从学生主体化角度完善问卷指标，以微信公众号推文或论文形式公开调查报告，将结果广泛应用于专业认证、改进本科教学管理等各项工作，不断改进本科教学工作。

（4）开展年度本科教学评估。校内本科教学评估是学校评价、监督、保障和提高本科教学质量的重要举措。此外，学校还开展毕业论文、网络课程等评估工作。

第三节　中国石油大学（华东）本科教学质量保障体系

一、中国石油大学（华东）概况

中国石油大学（华东）创办于1953年，是教育部直属全国重点大学，是国家"211工程"重点建设和开展"985工程优势学科创新平台"建设并建有研究生院的高校之一。2017年，学校进入国家"双一流"建设高校行列。截至2019年7月，学校建有研究生院，有16个教学学院（部），以及荟萃学院、国际教育学院、远程教育学院和继续教育学院，现有本科专业68个，学科专业覆盖石油、石化工业的各个领域，石油主干学科总体水平处于国内领先定位。

中国石油大学（华东）的人才培养目标是：坚持"博学、务实、创新、创业"的人才培养质量观，培养德智体美劳全面发展，基础扎实、专业精深、实践能力强,具有批判性思维能力、创新创业能力和国际视野,素质全面的高质量人才。

二、中国石油大学(华东)教学质量保障机构

为确保教学质量保障体系平稳运行,学校围绕质量保障组织与队伍、文化和制度建设进行了大量的探索。在组织与队伍方面,学校于20世纪90年代初设立了教学质量科和教学质量监控岗,成立了教学工作巡视员和大学生教学信息员两支队伍;2007年,又成立教学质量评价中心,并在原有教学巡视员队伍和自评专家组的基础上成立了本科教学工作督导组;2013年,学校根据管、评分离的教育理念,组建了专门负责全校教学质量监控与评估工作的高教研究与评估中心,并在2014年开展的审核评估自评自建过程中建立了教学评估专家库,形成了咨询决策、运行调度、监控评价和资源保障"四位一体"的教学质量保障组织系统。

三、中国石油大学(华东)本科教学质量保障体系及相关规章制度

学校早在20世纪90年代初就开始了教学质量保障体系的研究与探索。近年来,学校立足常态、追求长效,统筹考虑"建设什么样的大学、培养什么样的人、怎样培养这样的人"等问题,适时提出"建设国内著名、特色学科国际一流的高水平研究型大学"的办学目标和定位,并根据国家和社会对人才需求结构的变化不断优化人才培养目标。学校遵循目标性原则、主体性原则和发展性原则,以人才培养目标达成为导向,以学院、教师、学生为主体,以促进质量持续改进、不断提高为目的,系统优化教学质量监控实施体系,针对各主要教学环节实施教学评价、教学评估、教学督导、数据监测等多元化监控措施,建立标准制定、监控实施、信息反馈、问题改进4个监控环节的闭合循环,构建"两级监控、管评衔接、多方联动"三位一体的保障机制。学校健全了咨询决策、运行调度、监控评价和资源保障"四位一体"的教学质量保障组织系统,建立了"招生—培养—就业"多部门协同的人才培养质量全过程控制机制,保证了教学质量监控全方位、多视角、宽渠道。学校"3443本科教学质量监控体系的建设与实践"荣获2018年山东省高等教育教学成果一等奖,并入选中国高等教

育学会高校教学改革优秀案例。

学校制定了《关于完善本科教学质量保障体系的意见》《关于构建和完善教学质量监控体系的若干意见》《关于进一步提高本科教学质量的若干意见》等文件,内容涵盖教育教学和质量保障工作的方方面面。

四、中国石油大学(华东)教学质量保障中的评价

学校教学质量监控和专项评估体系秉承全员参与、全程控制和全面保障的理念,坚持"定性评价与定量评价相结合、综合评价与专项评估相结合、目标评价与过程评价相结合"的原则,从开展教学检查、实施教学督导、开展课堂教学效果评价、坚持领导干部听课、开展毕业生满意度追踪调查和推进教学基本状态数据库建设等方面加强教学质量的全面监控,从院部成效显示度、专业及课程等方面开展重点评估工作,形成了集评价、监督、引导和保障等功能为一体的评估机制,并通过推进人事制度改革、建立教学事故问责机制、构建教学质量激励机制等途径强化对课堂教学、试卷、论文、教材建设及教学改革等关键教学环节的管理与监控。近年来,学校积极按照国家有关政策和要求,结合学校本科人才培养体系顶层设计和办学实际,按照"全面监控、重点评估和关键控制"的思路,构建了层次鲜明、内涵丰富的内部教学质量监控与评估体系,见表5-2。在教学评估方面,建立了学院(部)、专业、课程3个层面的教学评估制度;在教学评价方面,建立了学生评教、学情调查、应届本科毕业生教育满意度调查、毕业生质量追踪4项人才培养质量评价制度;在教学督导方面,注重发挥教学督导"监督、检查、评价、指导、咨询"作用;在教学监测方面,以教育部本科教学基本状态数据库为基础,以教师所属专业为主线,提炼形成各专业教学状态基本数据,加强对专业层面教学状态的把握和监控。

表5-2 中国石油大学(华东)教学质量监控和专项评估体系

监控类型	监控措施	实施主体	实施周期
加强教学监控	坚持"三点一线"教学检查	教务处、督导组	学期初、中、末
	坚持教学督导制度	评估中心、督导组	日常随机

续表 5-2

监控类型	监控措施	实施主体	实施周期
加强教学监控	坚持领导干部听课制度	学校各二级单位领导、教学管理干部	日常随机
	坚持开展课堂教学效果评价	评估中心、学生	每学期一次
强化教学环节关键点控制	严格教师和教学基本环节管理	教务处	日常随机
	加强考试环节管理与监控	教务处	日常随机
	强化对毕业设计环节的监控	教务处、评估中心、督导组	日常随机
推进专项评估	开展院部本科教学工作成效显示度评估	评估中心	每年一次
	开展专业结构布局评价工作	教务处、评估中心、专家组	5年一次
	进行新办本科专业评估	评估中心、专家组	根据需要
	持续推进课程评估	评估中心、专家组	每学期一次

第四节 东莞理工学院本科教学质量保障体系

一、东莞理工学院概况

东莞理工学院创办于1992年,是东莞第一所普通本科院校,省市共建、以市为主。2017年通过教育部本科教学工作审核评估,2019年成为广东省唯一的新型高水平理工科大学建设示范校。截至2019年12月,东莞理工学院设立了18个学院,其中包括新机制的华为网络学院、先进制造学院(长安)等9

个现代产业学院。学校建立了以工学为重点,理学、经济学、管理学、文学、法学、教育学和艺术学8大学科协调发展,包含51个本科专业的学科体系。

东莞理工学院的人才培养目标是:坚持知行合一、立德树人,着力培养适应现代产业发展需求,勇于担当、善于学习、敢于超越的高素质应用型创新人才。

二、东莞理工学院教学质量保障机构

2012年,学校成立直属机构高教研究与评估中心。2016年10月,根据学校工作发展需要,学校将原高教研究与评估中心更名为教学质量监测与评估中心。在学校主管校长领导下,负责学校教学质量监测与评估工作的职能部门现有专职工作人员6名,其中正高级职称2人。教学质量监测与评估中心的主要职责如下:

(1)及时掌握各级教育行政主管部门对教学质量监控与评估工作的方针政策和组织开展各类教育评估和本科专业建设与评估最新信息,分析研究其评估标准,制定学校组织开展相关评估工作的实施方案,组织开展迎评工作。

(2)组织制定上级教育主管部门组织开展的各类教学评估的实施方案,协调组织开展迎评工作。

(3)建立和健全学校教学质量保障体系,统筹规划和组织制定学校教学质量监控文件和教学主要环节质量标准、各种教学专项评估标准及其实施方案,以及制定和修订二级教学单位教学质量指数和教师课程教学质量系数指导性计算办法,组织实施有效的校内教学质量监控和各项教学评估。

(4)建立和健全教学质量监控与评估信息系统及管理规章制度,负责本科教学基本状态数据信息、学生评教数据信息、教学督导数据信息、学生信息员反馈信息和教学专项调研数据信息等的收集处理及其数据库的管理,并对所收集的信息及时进行整理分析和研究反馈,组织编写和发布二级教学单位教学质量指数、学校本科教学质量年度报告,为学校领导决策和校内相关管理职能部门及二级教学单位完善教学管理,提供依据和咨询服务。

(5)负责学校各级领导听课的服务与管理,及时收集整理和分析反馈领导听课信息,完善学校各级领导听课制度。

(6)研究和掌握上级有关学士学位授予专业评审政策,组织完成新增学士学位授予专业的审核推荐工作。

(7)建立和健全学校教学督导、学生信息员制度,负责学校教学督导和学生信息员队伍建设和管理及对二级教学单位教学督导工作的指导。

(8)负责对校院两级教学管理过程和制度规范贯彻落实绩效的督查、督导和评价。

(9)完成学校交办的其他工作。

三、东莞理工学院本科教学质量保障体系及相关规章制度

以参加审核评估为契机,学校大力改革创新,不断完善教学质量保障建设,以构建教学质量指数(Teaching Quality Index,TQI)为突破口,在优化完善教学质量保障方面进行了大力探索与实践,有效保障和稳步提升了学校的教学质量。在整合问责与改进理念的指导下,东莞理工学院一直坚持以OBE理念为指导,突出学生中心,初步形成了基于成果导向的培养方案—课程优化(设计)—教学方式—教学评价—教学改进循环运行、动态调整的人才培养机制。在制定TQI过程中,将成果导向作为一个基本原则之一,在评价指标的选取与计分方式上,根据学校发展定位与教学建设改革要求,注重成果导向,提升关键性指标所占权重;注重以学生为中心,在TQI指标体系方面,"教学过程质量"中的"学生状况"指标的权重占总权重的45%。

学校制定了《东莞理工学院2018年本科专业评估实施方案》《东莞理工学院本科课程评估方案(试行)》《东莞理工学院教师课程教学质量系数指导性计算办法(试行)》《东莞理工学院二级学院教学质量指数编制办法》《东莞理工学院教学督导组工作条例》《东莞理工学院学生教学信息员工作管理办法》《东莞理工学院教学事故认定及处理办法》等文件,建立各主要教学环节质量标准,健全教学责任和教学运行管理体系,加强教学评估与检查督导,构建起全过程、闭环式教学质量监控体系,确保培养方案落到实处。

四、东莞理工学院教学质量保障中的评价

1.日常教学监控与检查

学校层面以宏观质量监控与专项评估为主,学院层面以日常教学质量监

控与检查为主。采取多种方式,对教学过程实施监控,覆盖课堂教学、实验实践、考试考核、毕业设计(论文)等主要教学环节。充分参与各项教学常规检查和专项检查;深入课堂听评课,及时向教师反馈意见;检查教学秩序和督促学风考风建设;参与教研活动;参与毕业论文答辩过程;严把教师上讲台关。定期开展期中教学检查和其他专项检查,根据教学实际确定不同检查内容,建立通畅的信息反馈和改进机制,便于问题的及时发现、收集、反馈、落实和改进。完善学生信息员制度,随时收集学生对教师教学、教学管理、教学运行等方面的意见和建议并及时反馈落实。通过建立学生教学信息员制度,重点实现对教师教学情况和教学设施的实时监控。全面加强校院两级教学督导队伍建设,完善教学督导评价信息和学生信息员信息反馈制度。

2. 教学质量评价方法

学校建立了二级学院教学质量指数编制办法和教师课程教学质量系数指导性计算办法,并先后于2018、2019年进行了修订与完善。教学质量指数监测指标体系由教学评估、教学过程、教学成果3个一级指标(指标权重分别为25%、45%、30%),综合评估(专项评估)、教师队伍、教学状态、质量监控、学生状况、建设水平、教师成果、学生成果、特色项目9个二级指标,专业评估、教授授课率、在校生对教学的满意度、专业建设水平、生均获学科竞赛奖等41个监测指标组成。

3. 专业评估

学校从2015年开始,陆续对全校所有本科专业(含方向)进行了评估,达到了推进专业建设有序发展、切实保证新增专业教学质量的目的。

4. 课程评估

根据课程的不同类别,按照先公共必修课、学科基础课,后专业课、实践课、选修课的顺序,采取分工负责的方式进行评估,教学质量监测与评估中心负责公共必修课、学科大类基础课和申请评优课程的评估;专业课、实践课和选修课等课程的评估依托二级学院,每4年对全校的各类课程进行一轮评估。

5. 其他评估

完善试卷、毕业设计(论文)、实验等专项评估制度。

第五节　南方医科大学本科教学质量保障体系

一、南方医科大学概况

南方医科大学前身为中国人民解放军第一军医大学,创建于1951年,1979年被确定为全国重点大学,2004年8月整体移交广东省,更名为南方医科大学。学校是广东省高水平大学重点建设高校中唯一的医学院校,全国首批、广东省唯一一所"部委省"共建高校,全国首批开设八年制本硕博连读临床医学专业的8所高校之一。截至2019年12月,建立了19个教学机构,开设本科专业35个,以医学为主体,发展理学、工学、文学、管理学、法学、经济学,构建了7个学科门类交叉渗透、融合促进的办学体系,形成了理工医结合、中西医结合,以医为主,多学科协调发展的专业布局。

南方医科大学的人才培养目标是:培养德智体美劳全面发展,视野宽、基础厚、能力强,具有较强实践能力和创新精神的高层次研究应用型人才。

二、南方医科大学教学质量保障机构

2000年起学校成立教学督导团,建立了一支由学科专家和管理专家组成的、专职与兼职相结合的教学督导专家队伍。2016年11月,由原南方医科大学教师教学发展中心、教育技术中心与高等教育研究中心合并成立南方医科大学教学发展中心。中心下设高等教育研究、教师教学发展、学生学习支持、教育技术保障、教学信息资源、教学质量监控6个部门。中心现有工作人员19人,其中高级职称9人,中级职称6人,初级职称4人。教学发展中心是以"服务教育教学、促进教学发展"为宗旨,以高等教育研究为引领,以教育技术保障和教学资源建设为基础,不断完善教学质量监控闭环体系,突出服务教师教学发展和学生学习支持的教学辅助机构。

三、南方医科大学本科教学质量保障体系及相关规章制度

学校根据办学定位和本科人才培养目标,建立了专业标准、课程标准、教学过程标准、教学管理标准、师资建设标准5类质量标准体系,并依托自主开发的教务管理系统和教学支持系统,将质量标准体系固化到人才培养全过程。以提高和保证教学质量为目标,运用系统方法,建立由领导决策、执行保障、评价监控和反馈改进4个部分组成的教学质量保障模式(图5-3)和体系(图5-4),将全校各项教学质量管理活动严密组织起来,做到了组织运转高效、信息反馈畅通。建立了学校、学院、系(教研室)三级教学质量管理职责。学校书记、校长担任教学质量第一责任人,分管教学副校长直接负责,学校教学指导委员会全面指导;教务处负责统筹协调,实施教学质量宏观管理;各学院负责落实学校各项教学管理制度,抓好本院专业、学科、课程建设和师资培养;各系(教研室)负责组织具体教学活动,抓好学科和课程建设。《高等医学院校教师教学工作督导评估体系》获第五届广东省教育成果奖二等奖。

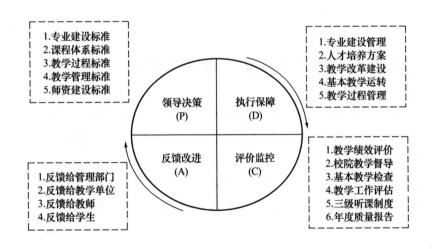

图5-3 南方医科大学教学质量保障模式

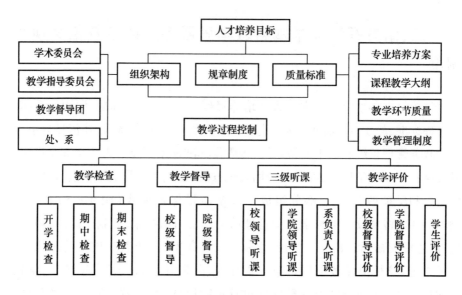

图 5-4　南方医科大学教学质量保障体系结构

学校制定了《南方医科大学教学督导工作实施办法(修订)》《南方医科大学课堂教学管理实施办法》《南方医科大学本科教学事故认定与处理办法》《南方医科大学课程考核管理工作规范》等一系列教学管理制度,并根据教学实际和师生意见,不定期修订,规范教学和管理过程,保障教学质量。

四、南方医科大学教学质量保障中的评价

学校建立了完善的教学管理规章制度和教学质量监控机制,围绕人才培养工作开展课程评估、专业评估和学院评估,对主要教学环节的教学质量实施了有效评估和监控。

(1)培养方案监控。通过师生座谈会、毕业生座谈会、资格考试分析报告、用人单位反馈等多种方式,了解各方的意见和建议,修订培养方案。

(2)三级听课制度。校领导、学院领导、系(教研室)负责人定期听课,系(教研室)每学期都组织教师互相听课。听课人员与授课教师当堂沟通,并将意见反馈给学院或者教务处等。

(3)教学督导制度。学校教学督导通过调研提出教学改革建设意见和建议,监督和指导教学秩序和教学过程,参与各类教学检查、教学比赛和评估认

证。学校教学督导专家每周参加听课、巡考或其他专项工作不少于10学时，年均评价教师超过1 100人次。各学院教学督导组，负责对本学院教学秩序、教学质量、试讲、教案、试卷、毕业论文等进行监督指导。

（4）教学检查制度。每学期开学前，校领导和教学管理部门检查各单位教学准备情况；学期中，校、院、系（教研室）管理人员和教学督导进行不定期听课检查和专项检查；学期末，学校领导、院系领导、教学管理人员和教学督导团定点、定时、定人督查考风考纪。2007年起，每年组织课程考核材料专项检查。

（5）毕业论文（设计）检查。每年对全体应届毕业生毕业论文（设计）进行相似度检测；对各学院毕业论文组织专项检查。

（6）教师教学绩效评价。将教师教学绩效列入专业技术资格评审、职务聘任、岗位聘任的考核条件，并与学院绩效津贴发放等紧密挂钩。教授、副教授职称申报要求为"任现职期间需参加过校级以上（含）教学竞赛，或者开过校级公开课、示范课"。实施高教系列高级职称评聘"教学特别推荐"程序，开辟绿色通道。依据教学绩效，每年评选5名本科教学优秀教师，每人奖励10万元。

（7）学生对教师的评价。2000年起，实施学生对教师课堂教学质量评价，2014年实施微信评教，进一步扩大覆盖面。每年产生20万条左右评教数据，被评教师超过2 300人次。2018—2019学年，课堂随堂评价系统升级，督导评价、学生评价和教师互评更加便捷有效。

（8）教师对学生的评价。在题库系统中增加形成性测试项目，开展课堂形成性测试，加强课堂学习效果监控；增加平时成绩比例，所占比例不得低于总成绩的30%，注重对学生学习过程评价；课程结束后，学生可通过教务系统及时了解教师反馈的综合评价。

（9）学生综合素质测评。2008年起，对学生德育素质、智育素质、体能素质、发展素质实施综合评价。通过定性评价与定量测评相结合、教师评价与同学互评相结合，全面评价学生综合素质，作为奖助学金评定及其他奖励的重要依据。

第六节　广西医科大学本科
教学质量保障体系

一、广西医科大学概况

广西医科大学创建于1934年,是全国建校较早的22所医学院校之一,是全国最早定点招收外国留学生、港澳台学生和华侨学生的8所医学院校之一,是教育部批准的有招收本科临床医学专业(英语授课)留学生资格的首批30所高校之一,是广西壮族自治区人民政府重点建设的3所大学之一,是广西医学教育、医学研究、临床医疗和预防保健的中心。截至2019年5月,学校设有19个学院、1个教学部,开设本科专业28个,形成以医学为主体,理学、工学、文学、管理学、法学、教育学多学科协调发展的专业格局。

广西医科大学的人才培养目标是:培养德医兼修、理论厚实、技能突出、创新引领、担当有为,具有大健康理念和国际视野的高素质人才。

二、广西医科大学教学质量保障机构

学校于2006年成立了教学质量与教育研究中心,机构工作主要围绕教学质量监控、高教研究及学校教改班工作3个方面开展。随着高等医学教育形势的变化,国内外对教育评价、教师教育研究与管理工作的重视,教学质量与教育研究中心的职能得以扩大,并于2012年被正式更名为"教育评价与教师发展中心",下设教学质量管理科、教师发展科,另有高等教育研究所挂靠。其中,教学质量管理科主要开展的工作包括:健全校内教学质量监控与评价体系;组织实施对本科主要教学环节的监控与评价,指导学院(部)开展教学质量管理工作;组织校内各级管理人员开展教学检查工作;收集、整理、分析、发布和反馈教学质量监控信息。

三、广西医科大学本科教学质量保障体系及相关规章制度

学校从教学全面质量管理理念的"全面性、全员性、全程性"出发,构建出包含决策机构、制度保障、过程监督、信息反馈、分析利用、整改调控等一套科学完整的教学质量保障体系,形成"内部与外部评估、日常与专项监控、定性与定量评价、激励与约束结合"的运行机制,做到监控常态化、评估制度化、反馈实时化、改进科学化,有效保障教学质量。按照"决策—执行—检查—反馈—改进"流程形成教学质量自我评估并持续改进的闭合循环(图5-5),使人才培养达到预期目标。广西医科大学教学质量保障体系运行情况如图5-6所示。

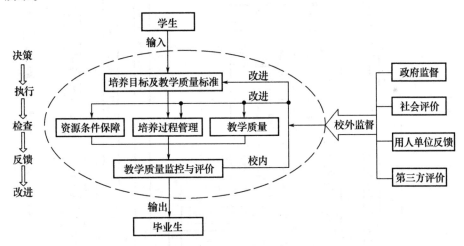

图5-5 广西医科大学教学质量保障闭合循环示意图

学校制定了《广西医科大学本科教学质量评价工作方案》《广西医科大学教学差错和教学事故认定及处理规定》《广西医科大学教材选用质量评价办法》《广西医科大学教学实习基地建设与管理办法》和《广西医科大学"本科课堂教学质量奖"评选办法》等一系列教学管理制度,并根据学校办学实际,不定期予以修订,规范教学和管理过程。

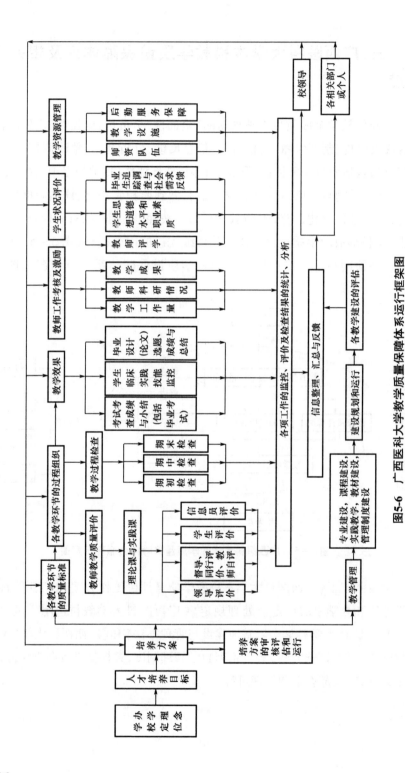

图5-6 广西医科大学教学质量保障体系运行框架图

四、广西医科大学教学质量保障中的评价

学校建立了结构合理、服务意识强的教学质量管理队伍,主要包含教学质量监控与保障领导小组成员、校院两级教学督导组成员、校院(部、处)两级教学质量管理人员、学生信息员、学生5类主体。2014年开始构建以"课堂—课程—专业—学院"为核心的四位一体的本科教学质量评估体系,并通过集"学院—专业—课程—课堂"四位一体评估、常态化质量监控以及大数据决策支持分析为一体的"广西医科大学校情与教学质量动态监测平台"开展教学质量监控与评价工作,落实《广西医科大学本科教学质量评价工作方案》,鼓励并带动学院(部)建立自我评估机制,组织和落实各项评价工作,对在评估检查中发现的问题,各有关学院(部)及相关责任人制订限期整改计划,学校通过随访和检查等形式对学院(部)及相关责任人的整改情况再评价,努力做到"以评促建、以评促改、以评促管"。

(1)学院评价。贯彻落实《二级学院本科教学质量年度报告制度》,每年度各学院按要求提交教学基本情况、师资与教学条件、教学建设与改革、教学质量保障、学生学习效果等情况,并对存在问题制定解决措施,汇报措施落实情况及效果。

(2)专业评价。以校内自评为手段,对已有1~5届(含5届)毕业生的新办专业开展评价,并对其改进落实情况进行督察。

(3)课程评价。面向学校本科生开设的全部必修课程,开展课程自评,组织优秀课程评比并予以表彰。

(4)课堂评价。每学期校领导、督导专家、管理人员、教师和学生依托"广西医科大学教学质量实时监控系统"参与课堂教学网上评价,同时进行学生信息员随堂评价。

以"重提高、促发展"为导向,改进评价方式方法,不断提升评价实效。一是评价主体多元化,逐步实现督导专家、同行教师、各级管理人员及学生的全员参与,评价对象涉及全校师生以及校内相关管理部门。二是督(评)教、督(评)学、督(评)管均以"重提高、促发展"为导向,侧重对新办专业及新开课程、中青年教师教学能力、教学改革效果、学风以及学生综合素质表现、全程教学、实践教学、二级学院及其教研室的自我管理以及后勤服务保障等方面的监

督、评价和指导。三是评价重点由"教师教得如何"逐步向"学生学得如何"转变,从学生的角度出发设计灵活多样的评价指标,侧重对医学生学习过程及其效果的形成性评价,强调知识与能力并重(图5-7)。

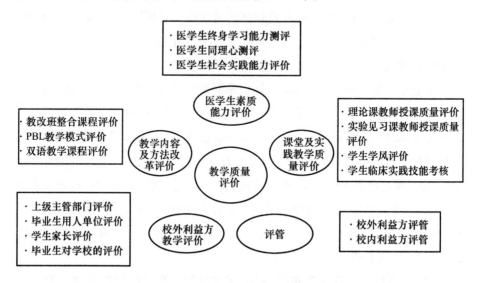

图5-7 广西医科大学教学质量评价构成

第七节 美国得克萨斯州农工大学教学质量保障体系

一、美国得克萨斯州农工大学概况

美国得克萨斯州农工大学(Texas A&M University,简称"得州农工大学")创立于1876年,是一所公立的研究型大学,是得州第一所高等教育学府,是世界百强大学。截至2019年3月,学校共有学生69 200名。得州农工大学从学生学习成果的视角出发制定质量保障政策,其教学质量保障的一个主要目标就是不断完善学生的学习成果,进而为大学提供关于教和学的实施过程和结果的显著证据。

二、美国得克萨斯州农工大学教学质量保障机构

1. QEP 委员会

得州农工大学教学质量保障的特色在于其质量提升计划(the Quality Enhancement Plan,QEP)。这一计划专注于该校本科生、研究生层面的教学质量保障,聚焦于学生的学习成果以及学生学习的支持环境。质量提升计划以5年为一个周期,重视学生学习成果的外部动力来自地区性认证机构南部院校协会(Southern Association of Colleges and Schools,SACS)10年一次的认证要求。该认证首先考虑的是学生的学习成果,尤其关注学生对重要技能的掌握、对道德和社会责任的关注以及整合所学各部分知识的熟练水平。QEP 的主要特征在于:

(1)聚焦于学生的学习,即知识、技能、行为和价值观的改变。
(2)促进学生学习成功。
(3)清晰的目标。
(4)强调现实的、可测量的学生学习成果。
(5)配备足够的人力和财力资源用于质量提升计划的开发、实施和保持。
(6)质量提升计划实施中清晰的时间限制和职责分配。

2. 教学路线图委员会(Teaching – Learning Roadmap Committee,TLRC)

QEP 包含的教育实践中,与教学质量保障最为密切的是得州农工大学的教学路线图(Teaching – Learning Roadmap,TLR),因此相应地成立了教学路线图委员会。教学线路图委员会的主要职责包括:

(1)鉴别学士、硕士以及博士层面的学习成果,这些成果标志着卓越和优秀。主要收集现行的体现在人才培养方案中的学习成果和体验,然后从包括学生、学生理事会、教师理事会、行政人员、社区领导等利益相关者中获取对于学习成果的反馈意见,最后对学习成果进行优化并通过协商达成一致意见。学生学习成果和体验对得州农工大学的学生而言是非常重要的。形成学习成果的过程是一个达成一致意见的过程,也是未来课程改善的基础,并影响着资源分配。不断提升的对学生学习成果的强调还将对教学的结构和实践有重要

的影响。学生的学习成果包含了广泛的专业学习态度和能力,其中本科生的学习成果由全校一般性的学习成果(22 项)和核心课程成果(7 项)组成。

(2)识别学生获得学习成果和学习体验的挑战和障碍,提出建议来应对挑战,完成对学生学习成果的测量。

(3)TLRC 通过校级研究中心和机构、跨学科的培养计划、技术媒介教学等支持体系以及财政支持、设备和基础设施、国际化课程等措施提升学生学习成果和体验。

三、美国得克萨斯州农工大学教学质量保障中的评价

得州农工大学的教学质量评价与质量保障的目标一致,均与提升学生的学习成果密切相关。教学质量评价既根据学生的学习目标进行评价,收集学生学习的反馈,收集学生集成式学习和终身学习的成果证据,也根据大学目标进行评价。从数据的收集、分析、解释到报告,都是由 QEP 管理团队组织的。

大学评价办公室开发了本科教育有效学习评估(Valid Assessment of Learning in Undergraduate Education,VALUE)项目。该项目聚焦于学生学习的评价,每一个学习成果领域都有很多关键的因素。这些学习成果代表了大学真正致力的重要工作,也充分展示出学生的优秀。VALUE 项目的设计使得大学、人才培养方案、个体的教师融合在一起,从而更加有效地评价学生。大学评价办公室组织经过挑选的教师和行政人员使用 VALUE 评估标准为学生的学习反思打分,进行数据分析和报告。

得州农工大学的教学质量保障聚焦于学生的学习成果,主要原因在于:其一,为了满足大学内部可持续的改善过程,测量学生的学习成果,为大学提供关于课程、人才培养方案、教学以及大学目标的反馈。其二,为了满足外部认证,即 SACS 认证的要求,得州农工大学的质量提升计划 QEP 是 SACS 认证要求的一个重要组成部分,该计划聚焦于学生的学习成果以及对于学生学习的支持。SACS 认证指导方针提出,QEP 应该有"大学学术团体有意义的参与"。教师和学生的互动是教学过程的核心,这就意味着教师和学生在 QEP 中扮演着非常重要的角色。学生学习成果取得的一个重要因素就是学生与教师之间有意义的互动。在互动过程中,教师能够激励学生以各种方式参与学校的质量提升计划 QEP。

第六章 高校本科教学质量保障体系的构建要素

教学是高等学校的中心工作,教学质量是高等学校的生命线,提高教学质量是高等学校永恒的主题。高等学校教学质量始于学校的办学定位、人才培养目标、人才培养规格的设计,教学基本建设和师资队伍建设,招生以及专业、课程、实践等环节,终于学生就业和毕业生发展跟踪等全过程。高校要提高教学质量,就必须对本校的教学基础、资源保障、运行管理、制约因素、质量状况等教学的基本情况有一个客观、全面、准确、清晰的认识,否则,教学质量的提高就会失去基础或无的放矢。为了保证高校本科教学质量保障体系的科学运行和构建,就要建立起完备的、系统的教学质量保障体系。高等学校教学质量保障体系是指学校以提高和保障教学质量为目标,运用系统方法,依靠必要的组织结构,把学校各部门、各环节与教学质量有关的质量管理活动严密组织起来,将教学和信息反馈的整个过程中影响教学质量的一切因素控制起来,从而形成的一个有明确任务、职责、权限,相互协调、相互促进的教学质量管理的有机整体。因此,高等学校教学质量保障体系建设是一项复杂的系统工程,名为"教学质量",实则受到学校办学顶层设计、人才培养目标、人才培养规格、师资水平、生源质量、校园文化等多种因素的制约。有效的教学质量保障体系必须着眼于总体规划与统筹设计,与高等学校的顶层设计紧密结合。《教育部普通高等学校本科教学工作审核评估工作指南》中指出:"各学校质量保障体系可以结合本校实际情况采取不同模式,但以下共同规律在考察时应予以注意:一是学校确定了人才培养目标和质量标准;二是学校提供了相应的人、财、物条件保障;三是学校有组织保障机构;四是学校有效开展了自我评估和质量监控,及时收集教学信息;五是学校能及时反馈信息,调节改进工作。"国内不少学者基于不同的角度提出了不同的质量保障体系构建框架。参考已有的研究成果,根据全面质量管理理论,围绕本科人才培养工作,基于高校内部教学质量保障体系运行过程,笔者认为高校本科教学质量保障体系由目标系统、组织系统、标准系统、资源系统、运行系统、质量评价系统、反馈改进系统7个要素组成,每个要素应包含若干环节。本章节将对高校本科教学质量保障体系的构建要素进行具体分析与探讨。

第一节 教学质量保障体系中的目标系统

目标系统主要指高等教育发展目标、高校人才培养目标、专业培养目标、课程目标、具体教育教学活动目标等。目标系统在高校本科教学质量保障体系中居于顶层位置,起着统领作用,是本科教学质量保障体系的出发点,也是最终落脚点,属于顶层设计。目标系统反映着高校对教育质量的理解,符合要求的目标,就能反映和满足利益相关者的需要,并以此为依据,恰切选择教育教学活动内容与活动形式,实现教育教学活动的最大化。否则,目标不科学、不合理,系统不细致,就会在出发点上出现严重偏差,结果必然事与愿违或事倍功半。

1. 人才培养目标

从学校层面来说,需重点考察学校是否根据党的教育方针和人才培养的总目标,结合学校的特点,制定合理的人才培养目标;人才培养目标是否与学校自身的办学层次和具体办学条件相适应;师生对人才培养目标的精神实质及其基本要求的理解和认可程度。人才培养目标是对人才培养质量的根本要求,是学校教学质量的总目的和预期结果,是全校性的教学质量目标,也是进行教学质量管理、提高教学质量的根本目的。从这种层面来说,实现人才培养目标是学校教学工作的出发点和落脚点。

2. 专业培养目标

专业是人才培养的基本单元,专业人才培养目标是指学生学习本专业要达到的总体的学习成果,专业目标要详细列出某类人才需要具备的具体知识、技能和能力。专业培养目标是各专业教学质量保障系统建设的基本依据和具体目标。因此,科学合理的专业培养目标是确保专业人才培养质量的前提和基础。各院系需要以学校整体性的本科人才培养目标为引领,参照国家相关标准,并结合行业调研,确定本科各专业人才培养目标和相对应的专业课程体系。专业培养目标的制定必须在服从于学校人才培养总目标的基础上,结合本专业所面向的行业产业的现实需求和未来发展的趋势,合理处理好专业知识、专业能力和专业素质方面的关系。

3. 课程目标

课程目标是指课程本身要实现的具体目标和意图。它规定了某一教育阶段的学生通过课程学习以后,在发展品德、智力、体质等方面期望实现的程度,它是确定课程内容、教学目标和教学方法的基础。从某种意义上说,所有教育目标都要以课程为中介才能实现。一般而言,课程目标从属于教育宗旨和培养目标,教育宗旨和培养目标通过课程目标转化到实际的教育实践中去。从此意义上讲,课程目标就是教育宗旨和培养目标在教育活动中的具体化。课程目标的设计与制定必须以教育目标为指导,符合学校人才培养目标和专业培养目标,并在课程教学中体现教育目标,落实培养目标。

第二节 教学质量保障体系中的组织系统

高等学校质量保障是大学的质量控制系统,控制是一种分担的义务,包括学术组织中所有重要参与人员共同参与的一种合力。从整体上讲,教学组织系统的主要功能是按照学校的质量目标,使分散的教学过程质量要素和质量管理活动有效地组织起来,使教学环节有序运转,规范协调,以达到教学质量管理的最佳效果。教学质量保障体系需要依靠必要的组织结构和人员保障,才能把学校各部门、各环节的教学质量管理活动严密组织起来,构建质量管理的有机整体。

一、组织机构

教学质量保障是一项复杂而严肃的工作,需要设立权威组织机构,确保监控有效运行。这一权威组织机构的权威性取决于成员的学术权威性、评价科学性和这一结构行政执行力的权威性。高校本科教学质量很大程度上取决于是否建立了健全的组织机构,这也是高校教学质量保障体系能否发挥应有作用的关键点。质量保障机构旨在确保质量管理工作组织落实、职责到位、运行高效。在人才培养过程中,与各个教学环节相关联的各个单位(含教学单位和职能部门),都是教学质量管理的主体,高校应建立由各利益相关方共同参与、充分协商、信息共享、结构合理、权责明确的质量保障机构。为强化对本科教学活动的监督和管理,促进教学质量改进和提升,基本上所有的高校都设有本科教学质量评价或教学质量管理机构。目前,高校本科教学质量管理机构的搭建存在着两种模式。第一种模式是传统模式,在教务处下设教学质量管理科,负责本科教学质量管理工作。第二种模式是将高校本科教学质量监控职能从教务处剥离,独立于教务处之外,作为常设机构,承担学校的教学质量管理职能,统筹全校的教学质量管理工作。从名称上看,有的称为教学质量监控办公室(中心),有的称为教学督导与评价办公室(中心),还有的与教师发展职能合并称为教学评价与教师发展办公室(中心)。而第二种模式是今后高校本科教学质量保障体系的发展趋势,既有利于理清教学与监控的关系,又有利于教学质量保障体系长效机制的建立。

  高校应建立健全由学校、学院(系)、教研室构成的三级教学质量管理组织,在不同层面实施质量管理。在组织的运行上,应以教学质量评价中心或教务处为中枢,协调好校级教学质量管理部门、相关职能部门、院系和教研室等机构之间的关系。学校内部管理应该从"行政管理主导、高度集中"向"行政管理与学术管理相结合、管理重心下移"转变。推动管理重心下移,将二级学院真正变成集教学、科研、行政管理等权力于一身的实体机构,以扩大其自治范围,提高其治理能力。

  学校层级的教学质量相关组织机构包括:校党委常委会、校长办公会、学术委员会、教学委员会以及教学质量评估中心(或教务处)。其中校党委常委会、校长办公会决定学校教学管理工作中的重大事项,包括确定学校办学目标、质量标准等;学术委员会、教学委员会对教学工作重大事项等提出咨询建议。学校教学委员会是在学校党政一把手主持下保证学校本科教学质量的领导机构,其成员由学校主要领导、教务处等主要职能部门负责人、部分学院负责人以及由校长聘请的资深教授、相关利益方(如学生代表、校外人员)组成。其主要职责是从宏观上总体把握学校本科教学质量保障工作的方向和政策,统一领导本科教学质量保障体系的制定和实施,并监督各个工作机构的执行情况,明确学校教学质量管理的目标、教学质量的标准,以及教学运行过程的监控、学校内部各种教学质量管理活动的协调,制定有关教学活动的政策和措施,总结学校有关教学管理活动的经验和理论,建立规范化、科学化的教学质量管理的运行机制。学校层级教学质量管理工作的重心突出目标管理,重在决策监督。学校层级承担了教学质量管理的决策、指挥、组织和调度的职能。教学质量评估中心(或教务处)是代表学校行使学校教学质量管理责任的专门机构,主要负责制定学校各项教学质量管理方案、开展经常性的教学调研、组织教学质量的评估和检测、确定培养方案制定或修订的原则,总结、交流和推广人才培养的经验,落实学校有关教学质量管理改进和教学改革的决策、调整或实施相关教学政策,做好教学质量管理的档案管理和总结等工作。

院系是教学质量保障体系组织系统的枢纽,是教学质量管理最关键的组织,承担本科教学过程的质量标准执行、协调和监督等,起着上传下达的作用。通过组织各种形式的评教、评学、评管等活动和召开师生座谈会等形式了解日常教学运行中存在的问题,及时整改并上报学校教学质量保障主管部门,再将结果反馈给教师和学生。与学校层级一致,院系教学质量保障体系实行党政一把手负责制,分管教学工作的副院长(主任)具体负责教学质量保障工作,其主要职责是定期研究和检查教学工作,贯彻落实学校教学质量保障监督的规章制度,管理所属专业、课程等教学基本建设以及人才培养方案的制定和修订、协调教学环节的组织、检查课程实施的效果、确保教学档案的齐全,监控各专业、课程和教师的教学质量,指导和协调实践性教学活动等。教学质量管理重心移到院系一级,院系管理工作重点突出过程管理和组织落实。

教研室作为教学基层单位,是质量管理的直接实施组织。其主要职责是根据学校和院系教学质量管理的目标和措施,对课程实施和教学环节进行质量控制,包括专业改革、课程建设、教材选用、讲义编写、教师业务进修、教研活动组织、教学经验交流、学生学习指导以及开展本专业学生综合评定、毕业生追踪调查等。教研室既要落实院系的教学质量保障任务,接受来自学校和学院的教学质量反馈信息,又要通过召开师生座谈会、教研室同行教师听课、新教师试讲等形式收集一线教师和学生的教学质量信息,并反馈给院系和学校相关部门。

相关职能部门是本科教学质量保障体系的协调和支持机构,主要由学校党委(校长)办公室、组织部、宣传部、学工处、团委、招生就业处、校工会、后勤处等党群、行政组织构成。其任务是认真履行本部门工作职责,支持教学质量评估中心(或教务处)开展的相关工作,通过制度建设和组织形式多样的校园质量文化活动,营造人人关心教学工作、个个重视教学质量、全员参与教学质量建设与管理的良好教学质量文化氛围。各组织机构履行教学质量的决策、执行、保障和评价等职责,既各司其职、各负其责,又密切联系、彼此协调,为教学质量管理工作提供组织保障。

二、教学质量管理队伍

建立高素质管理队伍是高校加强质量管理的关键。管理水平的高低,直接制约着学校的发展,管理人员的知识素养和管理能力,对于全校全面质量管理起着决定性作用。教学质量管理队伍主要包括学校领导、校级教学质量管理人员、教学督导、学生、学生教学信息员和学院教学质量管理人员。

学校领导肩负学校教育教学工作的领导职责,对质量管理与保障工作的资源配置、组织建构、制度设计、人员协调、环境建设发挥着指导、决策作用。教学质量保障实行学校党政一把手负责制,分管教学工作的副校长具体负责教学质量保障工作。

校级教学质量管理人员负责学校本科教学质量保障工作的组织、协调、管理与服务。他们按照人才培养的质量目标和学校领导层的决策,制定实施各种政策、制度、文件,管理、调配、维护各类资源,开展教学质量监控、保障、服务活动。

各高校普遍建立了以评教、评学、评管为目的的教学督导制度。通过教学督导,有利于教学人员进一步增强教学工作责任心,认真履行岗位职责,提高教学质量;有利于管理部门及时有效地解决教学中存在的问题;有利于帮助青年教师尽快提高教学水平;有利于学生提高综合素养;为教学质量的监控与评价提供必要的基础数据。目前,各高校普遍建立了教学督导委员会或教学督导组,其是在学校党委和行政领导下,对学校的教育教学工作进行研究、咨询、督导、检查、培训与服务的专家组织机构。教学督导专家一般来自学校已退休的教学、管理专家或来自教学一线的优秀教师,他们深入到教学一线掌握教学情况,发挥监督检查作用,对教学活动进行宏观指导,改进教学现状,为学校教学管理提供有效信息,为学校领导提供决策依据。

学生在本科教学质量保障体系中的作用主要体现在两个方面,一是对教师教育教学质量的评价,职能部门和二级学院通过对评价结果的有效利用形成奖惩机制,促进教师改进教学;二是通过学生教学信息员等制度的实施,向学校和相关部门反馈质量信息,推动学校教学工作的改进和提高。

学生教学信息员制度是高校教学质量评价体系的重要组成部分,是由学生向教学管理职能部门反馈对教学与教学管理的意见和要求的制度。目前,较普遍的做法是在学生中聘任学习态度端正、成绩优秀、诚实公正、有分析能力,热心为同学服务的学生担任学生教学信息员。学生教学信息员负责教学过程中的信息收集工作,定期填写教学信息反馈表或随堂教学评价表,将教师教学情况、学生学习情况以及对教学管理等方面的反映,定期或不定期、及时客观地向教学质量管理部门反馈,并提出意见和建议,以便及时发现和解决教学过程中存在的问题。

学院教学质量管理人员负责学院层面本科教学质量保障工作的组织、协调与管理。他们对学校相关的质量管理与保障工作起着上传下达、承上启下的作用。

第三节 教学质量保障体系中的标准系统

标准是指导人们行为活动和优化社会秩序的规范或准则。通常意义上对"标准"的定义为:"为在一定的范围内获得最佳秩序,对活动或其结果规定共同的和重复使用的规则、导则或特性的文件"。现今,"标准"更多地和"质量"紧密联系在一起,提出标准是为了保证活动的效果和质量而对活动目标、活动程序、活动内容等进行文本性的规定。高校办学定位和人才培养目标定位是宏观的、战略性的,需要与目标相关联的各个要素、各个环节具体的、细化的质量标准来体现。质量标准是高等教育活动的参照系和落脚点,是评价高校办得怎么样和人才培养得怎么样的试金石。质量标准是高校本科教学质量的基本保障,体现了学校的办学定位和人才培养目标定位,涵盖了人才培养工作的关键要素和主要环节,是提高人才培养质量、实现人才培养目标的重要保障。因此,高校应以国家出台的专业、课程等标准为参照,合理制定突显高校自身人才培养特征的质量标准,并将质量标准内化在人才培养的各个方面,贯穿于人才培养的全过程,落实到教、学、管、服等各个责任主体。2018年,教育部首次公布了本科教学质量的国家标准,即《普通高等学校本科专业类教学质量国家标准》,从国家层面对本科专业教学质量提出了新要求。《普通高等学校本科专业类教学质量国家标准》涵盖普通高校本科专业目录中全部92个本科专业类、587个专业,涉及全国高校56 000多个专业点。明确了每个专业类的学制、参考总学时或学分,对该专业类师资队伍数量和结构、教师学科专业背景和水平、该专业类基本办学条件、基本信息资源及教学经费投入等都有规定。

质量标准包括专业培养质量标准和各教学环节的质量标准两个层面,规定了专业培养和教学活动在质量方面的基本要求。教学质量保障体系中的标准系统由各教学环节的管理制度组成,使教育教学工作有章可循。比如,专业建设、课程建设等教学基本建设的质量标准,应明确师资队伍、教学条件、教学经费等教学建设指标要求;细化课堂教学、实验教学、课程考核、毕业实习、毕业论文等主要教学环节的质量标准;明确教学计划管理、教学运行管理、教学质量管理等工作的程序规范、工作要求和工作程序等。依据本科教学流程,管理制度可划分为教学计划、教学运行、教学基本建设和教学管理4个方面。

(1)教学计划制度包括:各专业制(修)定人才培养方案指导意见及评估办法、课表编排与执行办法等。

(2)教学运行制度包括:教学管理规程、课堂教学管理制度、学籍管理制度、日常教学运行制度、教学资源管理制度、实验(训)室建设及管理制度、实习基地建设及管理制度等。教学运行管理是按人才培养方案实施对教学活动的最核心、最重要的管理。教学运行管理包括课堂教学的组织管理、实践教学的组织管理、日常教学管理、考核管理、课外学习管理、学籍管理、教学资源管理、教学档案管理等。整个教学运行管理要加强两项重点工作:一是以教师为主导、以学生为主体、教学做一体、师生相互配合的教学过程管理;二是以院系教学管理部门为主体、教研室具体实施的教学行政管理。要求全院协同,严格执行教学规范和各项制度,保证教学工作的稳定运行。

(3)教学基本建设制度包括:专业建设、课程建设、师资队伍建设、教学团队建设、教材建设等,应通过制度明确教学基本建设的条件、目标、方案等,目的是规范和指导建设工作,确保教学基本建设的质量和方向。

(4)教学管理制度包括:院(部)本科教学工作评估办法、教学质量监控与保障条例、教学秩序与教学检查办法、教师岗位职责与教学工作规范、教学事故认定及处理、优秀教师评选办法、课程考核办法、教师评学制度和学生评教制度、理论课程与实践课程质量标准、课堂教学质量评价、实践教学环节质量管理与评价、毕业论文(设计)管理及质量评价、命题质量评价、教学档案管理办法等,目的是通过明确的质量标准考核各项工作完成情况,为今后教育教学工作的整改、提升提供依据。质量标准体系的建立应层次清晰、结构科学、内容全面、表述规范、程序公开,尊重师生知情权、参与权和评议权。

教学质量保障体系中的标准系统应体现全面性、导向性、规范性和可操作性。全面性是指相关制度是否能够覆盖教学和管理的全过程。导向性是指制度建设能否体现社会主义办学方向和党的教育方针,能否满足学生学习、发展和生活对教育教学服务的需求,是否突出了学校本科教学工作的主要方向、推动了全体教职员工进行教学改革和管理创新。规范性是指相关制度是否符合文书书写规范,是否达到现代管理、评估理论、方法与技术的要求以及相关内容内涵表达是否准确,外延是否清晰等。可操作性是指质量标准应易于观测,简明扼要,便于执行。质量标准应细致具体,不能抽象难懂,以便于评价者与评价对象以及师生理解。

质量标准的制定涉及面广、影响因素众多。根据教育活动的基本规律,高校制定教学质量标准可以分为 5 个阶段,即宣传动员—组织策划—研发制定—修改完善—投入使用。在宣传动员阶段,学校相关部门可以组织全校范围内的关于教学质量标准的大讨论,使师生认识到建立教学质量标准体系的价值和意义;也可以采取邀请相关领域专家到校举办专题讲座的形式,对教学质量标准进行深度解读,明晰相关概念和理论层面的问题。在组织策划阶段,学校可以成立相关的工作组,对后期工作进行统筹安排和组织策划。在研发制定阶段,工作组需要开展工作研讨,了解相关的政策支持和背景材料,掌握相关的知识和技术,对研制工作形成统一的理解和认识。在广泛收集相关文献以及国内外、同类型院校相关资料的基础上,结合学校办学实际,形成教学质量标准的主体框架,完成初步质量标准的初稿。在修改完善阶段,通过多渠道、多形式、几上几下广泛征求师生员工、校内外专家的意见,对收集的意见和建议反复进行研究和论证,在此基础上进行修改和完善并形成定稿。在投入使用阶段,学校应将定稿的质量标准文件分发给校内各单位以及师生等相关人员学习领会并监督执行。

第四节 教学质量保障体系中的资源系统

　　高校资源可以从不同的角度来加以划分。从性质上划分，可以分为教育行政资源、科学研究资源、教育教学资源；从源体上划分，可以划分为物力资源、财力资源、人力资源；从形态上划分，可以分为物质资源、制度资源、精神资源等。本研究的资源，主要指影响教育教学质量的人力、财力、物力资源，也包括知识、信息和技术资源。人力主要指管理者以及教师的数量与结构、人力培训和发展、学生状况等，财力具体指投入或获得的经费，物力具体指教育教学场所以及相应的教学实验设备。人财物等资源是内部质量保障体系中的硬件，是支撑系统。知识、信息和技术资源是指影响学校质量的思想、观念、规范和技术等，它们是质量保障体系中的软件。当今时代，为确保和提高教育教学质量，不仅要有足够的硬件资源保障，也需要知识、信息和技术等软件资源保障。硬件资源是基础，没有数量足够、质量先进的办学条件，提高质量就会落空。然而，只有硬件还远远不行，更重要的是还要有先进的管理理念等软件资源，以此优化人力、物力、财力等资源配置，充分发挥其效率、效益。资源系统包括师资队伍、教学经费、教学基础设施、课程资源、图书资料、实践基地、信息技术等资源。师资队伍应数量充足，学历、职称结构合理，科学规划、引进和培养相结合，不断提高教师教学能力和专业水平。

　　资源系统首先应确保学校和院系对本科教学的投入：确保课程体系、师资队伍、支撑条件对培养目标达成的保障度，即确保课程设置能支持相应知识体系的建立和毕业要求的达成，课程体系设计有企业或行业专家的参与；确保师资队伍教师数量满足教学需求，结构合理，有企业或行业专家作为兼职教师；确保教师教学能力、专业水平、实践经验等能够满足专业教学需要。教学基础设施必须能够支撑达成毕业要求所需；教学资源在数量和功能上必须满足教学需要；教学经费必须保证教学所需。在本科教学资源的建设上，应保障教学经费投入，确保教学资源建设与学科专业建设、师资队伍建设、课程建设、教材建设、实验实训基地建设、教学基地建设共同推进，以实现整体协调发展。强化教学资源为师生服务的理念，加强学科专业建设的基地条件建设、网络信息化建设、图书资源建设与利用等。在本科教学资源的管理上,必须树立本科教学资源的合理配置意识。因为只有树立本科教学资源合理配置意识,才会去合理配置本科教学资源;只有合理配置本科教学资源,才能有效解决本科教学资源不足与现有资源浪费的主要矛盾,从而使本科教学资源产生最大化的效益。正因为如此,《中华人民共和国高等教育法》提出要优化"资源配置",提高"资源的使用效益"。本科教学资源配置的方式主要包括行政分配、教学竞争、教学合作等。高校应建立健全教学资源共享机制,实现本科教学资源在校内不同教学单位之间的共享。同时,针对高校间教学资源配置不均衡的现状,探索建立区内高校联盟,建立校际(含校企)间的教学资源共享机制,开展校级课程选修和专业选修,校际实验室共享,校际间学生的交换与联合培养,以及校际间教师的互聘,实现教学资源优势互补。

第五节 教学质量保障体系中的运行系统

高等教育质量,归根到底是培养人才的质量,而人才的培养质量,需要高质量的教学来实现。运行系统包括人才培养方案执行,课堂教学、实践教学、第二课堂的组织和实施、各项管理制度运行、教育教学改革等教学过程控制和学习过程控制等方面内容,确保本科教学各环节的顺利进行。运行系统实质是按照一定目标要求,在特定时间和空间范围内展开资源配置和具体教育教学活动的过程。运行系统是否合理有序、是否高效,一定程度上影响着教育教学活动的质量。执行过程并非是单一、垂直的过程,而是"一个复杂的、由多方行动者相互作用构成的、讨价还价的过程"。教学质量保障体系中的运行系统影响着整个教学质量保障体系的工作效率,不仅影响着教学资源流动的方向和效率,还影响着各监控与运行主体的行为和相互关系。

高校教学质量管理是一项动态的、发展的、多层次、多因素耦合的系统工程。教学运行管理是保证教学工作稳定进行与维护教学秩序的重要手段。目前,我国高校教学质量管理运行模式多为自上而下的线性模式,即由学校教学质量管理部门主导,向院系教学管理部门分派任务、布置工作,再由院系分派任务至教研室。在此种模式下,院系教学管理部门主要负责对接学校教学质量管理部门,配合完成各项教学质量管理活动的计划和安排。教学质量保障体系中的运行系统应根据人才培养目标和专业培养目标,构建课程体系、实践教学体系,在课程教学内容、教学模式和教学方法等方面实施教学和教学改革。同时,教学运行管理是与教学运行配套存在的,因此,必须建立健全相关的制度体系,才能保证高校本科教学质量保障体系中运行系统的良好、通畅。

第六节　教学质量保障体系中的质量评价系统

教育质量生成并贯穿到教育活动的过程之中,考察教育质量需要关注教育活动过程本身,而不能只关注教育结果,"教育过程的品质决定着教育质量"。质量评价系统目的是以学生为主体的理论、实践教学为基础,以学生学习效果为导向,建立基于发现问题的教学质量动态监控机制,定期开展课程设置、课程教学质量以及毕业要求达成情况等评价,为实现教学各环节的持续改进奠定基础。教学质量保障体系中的质量评价系统由教学检查、信息收集、信息分析、质量评价等环节构成。教学检查包括学期初、期中、期末的例行检查及根据教学需要组织的随机检查。信息收集是通过教学检查、教学督导、学生信息员、师生座谈会及领导信箱等途径收集师生对教学及教学管理的意见和建议。信息分析是对收集到的信息进行整理分析和诊断,总结成绩和经验,找出问题,剖析原因,制定改进措施。质量评价包括评教(教师课堂教学质量评价)、评学(学生学习状态评估)、评管(教学管理工作评估)、专项教学评估(专业评估、课程评估、毕业论文评估、考试工作评估等)。专项教学评估是针对专业、课程、理论教学、实践教学等教学要素开展的系统评估,依据相应的指标体系对评估项目进行全面系统的考察评价,更能够深入到教学环节的内部,对影响教学质量的诸多因素考察、分析,发现问题、提出整改意见,促进教学环节系统提高、整体优化,因而能够在更深的层次和更高的水平上保证和提高教学质量。在高校教学质量保障体系过程中,质量评价是重点工作。专业评价、课程评价、学生评价等,都离不开建构评价的指标并进行相对科学的评价。此外,质量评价系统还应对目标、标准、资源配置、运行效率效果进行及时评价,包括学校内部开展的整体评价、管理绩效评价、院系教学工作评价、专业评价、课程评价、教师教学质量评价、学生学习效果评价、毕业生满意度调查、毕业生追踪调查、教学评优奖励等环节。质量评价系统还应包括外部评价，即由上级管理部门组织的评价，如本科教学工作水平评估、审核评估、专业认证等，以及学校委托社会评价机构进行的用人单位对毕业生的满意度、毕业生与社会的符合度、师资发展与学生成长等方面的评价。

质量评价的有效性和差异性主要体现在质量评价主体和评价方法的不同上。首先是评价的主体问题，即谁来评？本科教学质量管理的利益相关者涉及学校领导、各职能部门及院系管理人员、教师、学生、家长、校友、毕业生、用人单位等。基于全面质量管理理论的视角，上述所有利益相关者都是责任主体，都必须参与质量的全部产生过程，都要对本科教学质量保障负责。高校本科教学质量评价系统的评价主体一般包括学生（包含学生教学信息员）、教学督导、教师（包含同行和教师自身）、行政管理人员（包含校领导、职能部门和院系管理人员）、校外第三方（包含用人单位、学生家长）等。其次是评价的对象问题，即评什么？质量评价的对象可能是院校整体，可能是一个学院，还可能是一个专业、课程或者某个特定教学活动。最后是评价的方法问题，即怎么评？这涉及质量评价实施的程序和方法，以及形成和运用评价结果的方法。一般来说，高等教育质量评价主要有两种方法：定性方法和定量方法，前者主要借助于同行评议而进行，后者则主要借助于绩效指标而展开。以课堂教学质量评价为例，高校一般通过学生评教、教学督导评教、行政管理人员评教、同行教师评教、教师自评等方式来保证课堂教学的质量。

一、学生评教

学生评教是指学生作为教学活动主体对教师在课堂教学活动中的教学质量进行评价。学生评教是建立健全教学质量保障体系的重要环节，更是改进教学工作、全面提高教学质量的重要依据。学校根据本科教学工作安排，每学期对开设的课程由负责教学质量管理的部门（教学质量评估中心或教务处）采取网上随堂评价、课程结束后集中评价或发放调查问卷等形式进行评估。课堂教学质量评价表一般涉及教师教学态度、教学内容、教学组织、教学方法、教学效果等内容。

二、教学督导评教

教学督导工作是本科教学质量保障的一个重要环节,对进一步完善本科教学管理制度、加强教学质量检查、加强教学过程的监控和提高教学质量起着重要的作用。如前所述,教学督导专家通常由教学经验丰富、治学严谨、高度负责的退休教师和在职教师构成,以退休教师为主。高校普遍建立了校院两级的教学督导机构。教学督导一般有检查、评价、指导、联络等职能。检查职能是教学督导的基本职能之一。从宏观上说,检查职能是检查教师的教学方式和方法是否符合国家教育方针和政策;从微观上说,检查职能是检查教师教学内容是否符合要求、教学仪器和设备是否完好、教育方式选择是否得当、教学过程中是否有违规行为、是否偏离人才培养的初衷、是否违背教育规律等。教学督导在对教学活动进行检查后,会对检查结果进行整理和分析,得出一些真实可靠的信息。对这些信息进行公正的评价就是评价职能。指导职能是教学督导针对教学评价的结果,结合实际的教学条件,对指导意见进行客观的反馈。联络职能是指教学督导要及时与教师、教学管理部门等进行深入的沟通、交流,更好地完成评价工作。以教学督导最常见的抽查听课这一形式为例,督导专家通过与师生面对面的交流,收集与教学和管理相关的信息,及时反馈至教学质量管理部门,并对存在的问题提出改进建议。同时,教学督导专家也可通过随堂听课考察教师的教学情况,诸如语言表达、教学态度、教学方法、教学手段的运用等,通过各种方式帮助教师特别是青年教师提高教学技能,保证教学质量。

三、行政管理人员评教

几乎所有学校都开展了行政管理人员评教。行政管理人员评教是学校各级领导、教学管理人员深入课堂了解教学现状的主要方式之一。此处的行政管理人员包括校领导、学校中层领导、教学管理部门、教学质量管理部门以及院系教学管理部门人员,其目的旨在对教师教学态度、授课内容、教学方法、讲课能力、教学效果、教书育人、学生学习情况、学风以及后勤服务保障等进行了解,以便指导和改进。

四、同行教师评教

同行教师评教是由从事相同学科的教师或有资深教学经验的专家根据特定的标准对授课教师的教学能力进行评定的教学评价实践活动。同行教师评教是教学质量监控的重要组成部分,对保证教学质量、提高教师专业化发展有重要作用。通过开展同行教师评教,教师不仅能看到同行教师的优点,还能借鉴同行教师的教案、课件、教具、教学方法等,弥补自己在教学上的不足。同时,由于同行教师的专业知识相近,可以得到比较符合专业发展的意见和建议,对教师调整教学方法、教学策略等有着较大的帮助。因此,开展同行教师评教活动可以有效促进教师之间相互学习,不断提高教学水平。

五、教师自评

教师自我评价是一个连续不断的自我反思、自我教育、激发内在动因的过程。在教师自我评价过程中,教师既是评价主体,又是评价客体,能够充分发挥主体意识和责任意识。激发教师的内部动因,可以更好地提高激励作用。教师有自我认可、自我满足、自我实现的需要,在自我评价的过程中,教师能够清楚地认识到自己的能力及可能的潜力,可以通过不断完善自己,让自己的能力不断提高,潜力得到更大程度的发挥,通过自我评价实现自我完善。教师教学的效果评价只有建立在教师自我评价的基础上,才能更全面反映教师的教学能力,也更切合教师的实际情况,使教师更容易接受。

根据学校教学工作的实际,质量评价结果的应用有所不同。比如,对教学单位年度考评的结果可作为教学单位年度教学绩效津贴分配的重要参考指标。对专业评价的结果可作为学校对专业进行动态调整(包括专业是否招生、招生名额、教学资源的分配以及专业退出或撤销)的主要依据。对教师课堂教学质量的评价可作为教师绩效考核,职称评聘等的重要依据。质量评价结果应该在一定范围内公开,并及时反馈给相关教学单位、专业、教师等。

教学质量信息的收集需要通过线上线下、课前课中课后等多种途径,力求做到真实、全面、及时。可以从学生角度了解教师课堂教学、专业建设、课程建设满意度情况;通过听课、看课、查阅教学文档、线上线下召开座谈会、访谈,以及"同行教师的教学观察"等方式,了解教师教学情况,以及教师对学校本科教学的建议。通过个别访谈、集体座谈或研讨,发放调查问卷等方式,了解行政管理人员对学校本科教学及质量管理的意见和建议。此外,还应通过定期或不定期召开校友会、家长会,以及邀请校外用人单位代表、产业行业专家参加教学研讨会或教学委员会会议来了解校外利益相关者对学校本科教学的建议。通过日常教学信息收集、学校本科教学基本状态数据填报、校院两级年度质量报告撰写,以及各种形式的教学检查、听课、督导、评价、评估等,建立较为完善的质量信息采集、统计分析机制,为教学质量的持续改进和决策提供依据。

第七节 教学质量保障体系中的反馈改进系统

高校本科教学质量保障除了评价外,最重要的环节是反馈信息和改进工作。通过评价,高校能够及时发现和分析本科教学工作中存在的问题,而通过信息反馈高校则可以将收集的信息传递到各个教学环节点,使相关主体加以改进。反馈改进系统是在质量评价系统的基础上,将评价结果及时反馈给相应的部门、单位和人员,以获得对目标、标准、资源配置、活动运行成效的信息,用以改进工作。质量保障本身并不能促进质量的生成,提升高校教学质量水平,唯有将质量评估信息纳入到质量反馈与改进之中,通过对高校质量信息的反馈与分析、质量问题的改进与提升,方能推动高校调整和反思既有教育质量政策,推动高校质量水平的进一步提升。

信息反馈是指教学质量管理部门及时将教学质量监控与评价过程中发现的问题,以简报、通报、会议、交流等形式及时反馈给相关部门、教学单位和人员,使其及时针对存在的问题进行整改。对于比较严重或突出的问题,反馈到高校管理层,引起高校领导重视,研究整改工作并跟踪整改效果。随时掌握教学质量状态的信息,建立有效的教学质量信息反馈机制,确保反馈渠道的畅通,将教学过程中质量监控信息、教学质量评价结果信息、各类评估反馈信息、毕业生反馈信息以及通过各种途径获得的质量改进建议等,及时准确高效地反馈到各相关职能部门、院系和教师,制定对应的整改和改进方案,确保持续改进工作落实到位。

为实现本科教学质量的不断提升,实现质量保障体系的校内外循环闭合,学校必须给予高度重视,建立本科教学质量改进的责任问责制及激励机制,做到责任落实,从而形成教学质量的持续改进机制,促进教学质量螺旋式上升。持续改进包含两个层面的内涵:一是人才培养质量保障体系的进一步完善,即对质量保障体系不合实际的内容进行修订,或者根据内外部环境的变化,对质量保障体系进行改版,或者在质量保障体系运行中用更好、更有效的标准和做法,替代原来的标准和做法;二是改进质量保障体系在运行过程中存在的问题,即依据PDCA闭环管理的基本原理,对在质量监控或内审、外审中发现的问题,采取有效措施及时改进,并检查改进的效果。

在高校本科教学质量保障体系总体框架下,学校的本科教学质量反馈改进系统可从学校、院系和教研室三级整体推进。学校是本科教学质量改进的评价主体。学校教学委员会和教学质量管理部门负责对学校组织的质量评价相关工作进行跟踪,对存在的问题制定总体的改进方案,组织实施,并为院系教学质量的持续改进提供咨询、指导并开展检查。院系是高校本科教学质量改进的责任主体。院系负责本单位教学质量评价结果的跟踪与改进工作,应根据反馈的问题,制定符合本单位实际情况的本科教学质量持续改进方案。同时,院系对本单位教研室的教学工作有指导、督促作用。教研室是本科教学质量改进的工作主体。教研室应根据学校、院系的教学质量相关评价结果,具体负责课程以及教师教学的持续改进。在改进程序上,学校教学质量管理部门完成校级层面的相关质量评价报告后向教学单位反馈,同时提供评价结果咨询和指导。院系根据评价报告提出的待改进问题,组织完成改进方案并向学校教学质量管理部门提交,由学校教学质量管理部门审核。

第七章 "以学生为中心"的地方院校本科教学质量保障体系构建

第一节 地方院校本科教学质量保障体系的定位

一、地方院校本科教学质量保障体系的目标定位

人才培养是高校的基本职能之一,是高等教育质量的根本和基石。大学之所以为大学,就是因为学生的存在;没有学生的质量,就没有大学的质量;没有人才培养的质量,其他的质量既无法实现也没有真正的意义。新时代高校的职能已从传统的"人才培养、科学研究、服务社会"拓展为"人才培养、科学研究、社会服务、文化传承创新、国际交流合作"。但是不管高校的职能如何拓展,立德树人、培养德智体美全面发展的社会主义建设者和接班人的根本职能始终不会变,可以说高校科学研究、社会服务、文化传承创新、国际交流合作等各项职能都是在立德树人的基础上建立和发展起来的,只有以人为本,其他各项职能才能有效开展。高校目标如何定位,定位是否合理,直接影响着人才培养的质量。不同的目标定位需要不同的教育教学模式与之相匹配。高校的目标属于学校的顶层设计,包括高校办学定位、教育宗旨、服务面向等价值追求。目标一经确定,学校就应组织相应的资源和力量努力达成目标。因此,人们是根据高校宣称的使命和目标来衡量与评价其教学质量的。当前高教界和社会比较公认的研究型高校、应用型高校、教学型高校、技能型高校等,就是基于高校不同使命和目标的价值定位。如果高校目标定位合理,那接下来还应当根据自身目标定位选择适合本校特点的人才培养模式,这种选择实际上是目标

分解的结果,通过模式选择把学校整体目标分解为各院系的目标,把各院系的目标再分解为各专业、各教师的课程目标以及各学生的学习目标。

二、地方院校本科教学质量保障体系的特色定位

我们必须面对这样一个事实,即大学和学院处于一个竞争的市场中。激烈的市场竞争角逐中,高校的办学理念、办学模式等所渗透出的同质性越来越成为高校发展创新的桎梏与藩篱。每所学校能够生存,能够发展,能够出名,依靠的主要是特色,特色的真谛在于"人无我有,人有我优,人优我新"。因此,地方院校在凝练自身特色时,应避免趋同,走出一条适合自身的特色之路。一是依托学科专业优势。学科和专业是高校存在的基础,学科优势与特色是地方院校的立校之本,也是地方院校命名的理由。地方院校应以推进"双一流"(一流大学和一流学科)建设为契机,以本为本,充分依托、挖掘、打造其独具特色的优势学科专业,凸显其特色。二是利用自身发展历史和区域优势。地方特色是地方院校特色发展的重要立足点,也应是特色发展的着力点。地方院校要立足区域,实质是立足区域发展特点,主动对接地方,结合地方区域经济发展及产业转型发展需求,凝练办学特色,形成区域社会认可乃至辐射全国的核心竞争力。三是善于积淀,造就育人特色。特色有一定的稳定性,需要进行长期的积淀和实践,总结经验与教训,最终形成符合学校实际、凸显学校亮点的特色。地方院校根据自身的实力、水平,找准其人才服务面向与活动空间,整体优化所培养人才的知识、素质、能力结构,使其能在经济建设及社会发展中发挥积极的、不可替代的作用,这种人才培养才富有特色。

三、地方院校本科教学质量保障体系的价值定位

社会经济的持续发展,社会职业化、专业化程度的提高,职业的高度分化和精细化对高校人才培养和教学质量提出了新的、更高的要求。本科教学质量是一个随着社会历史条件变化而变化的具体概念,而不是"孤岛",必须在特定的社会文化和学校办学的条件下才会被提及。而社会经济在发展的不同阶段,对人才知识与能力结构的要求也会存在着一些差异。因此,地方院校本科教学质量保障体系的价值应定位于学校特色、学科特色和专业特色与优势,满

足经济社会发展对人才培养的特定需要,提高学生获得知识、能力与社会所需人才应具备的知识与能力的契合度。教学质量评价作为本科教学质量保障体系的主要内容,其实质是基于教学实践活动的价值判断,各评价主体的评价结果会存在差异。各个评价主体在本科教学质量评价中各有其优势。其中,在教学质量评价指标的选择上,学生和教师都是主要的利益相关者,他们的意见是决定指标体系好坏的关键因素,而教学督导专家作为专家、教师的双重身份,他们的意见也有着重要影响。教学质量的高低最终体现在高校的"产品"即学生的学习上,体现在其对知识的掌握和运用于实践的能力上。

第二节 地方院校本科教学质量保障体系的构建

一、地方院校本科教学质量保障体系的制定原则

(一)方向性原则

习近平总书记明确指示:"办好中国特色社会主义大学,要坚持立德树人,把培育和践行社会主义核心价值观融入教书育人全过程。"坚定高等教育"立德树人"、培养社会主义建设者和接班人的"初心"。从某种意义上来讲,立"德",就是践行"社会主义核心价值观",树"人",就是培养"德智体美劳全面发展的社会主义建设者和接班人"。大学之道,在于育人,回归"育人为本"是大学存在的第一要义。育人是高校的本质属性。因此,不论是什么类型、类别的地方高校,质量保障都应以人为本,育人为先,发挥教学管理人员、教师、学生在教学质量监控中的主体和客体作用。由高校对自身本科教育教学质量进行评估,高校成为自身教育教学质量评估的主体,成为教育教学质量管理和保障的主体,这有利于高校面向社会依法充分行使办学自主权,实现质量的自我评估和自我保障,建立自我约束、自我监督的管理机制。国家对于高校本科教学有关的教学质量标准和教学质量保障体系建设均有较为完整且宏观的指导。因此,无论是哪一类型、哪一层次的高校,都要把教育部相关的文件读懂

并理解透彻,并体现在高校自身教学质量保障体系建设以及相关的制度建设当中,使本科教学质量保障体系真正成为保障本科教学质量,促进其不断提升的手段。

(二)系统性原则

人才培养过程是一个整体,教学质量的提高需要投入、过程、效果和反馈等各个环节的保障。即使一所高校在人才培养方面投入了大量的经费,配备了优秀的教师,拥有最好的图书馆和实验室,并且招来了优质的学生,我们还是不能理所当然地认为其教育教学必然也是优质的。人才培养工作是校内外多部门、多层次协同的复杂的系统工程,对它进行监控、评价的教学质量保障体系同样也是由多种要素、多种过程所构成的复杂的体系。教学质量保障体系由校内外若干相互联系、相互作用的系统结合形成一种稳定的结构形式,各个系统之间通过制度、教学过程等相互联系、相辅相成、紧密相连、各司其职,是一个多维闭合系统。高等教育涉及诸多利益相关者,既包括学术人员、管理人员、学生等内部利益相关者,也包括政府机构、外部质量保障机构、媒体、校友等外部利益相关者。高校作为办学的主体,自然成为本科教学的质量主体。一方面,高校要遵循其自身的特性,从内部教学质量问题出发寻找保障教学质量、提升教学质量的对策;另一方面,要关注外部利益相关方的需求,获取外界支持和认可。高校所开展的质量保障活动不应只是一些质量工具、程序或方法的使用,它应是一个具有包容性的、多元利益相关者参与的开放系统,是与外界保持沟通交流,为提高人才培养质量而服务的信息交换平台。

高校本科教学质量保障体系之所以被称为体系,是因为其本身具有系统性和完整性。高等教育质量保障体系就是将高等教育、高等教育质量均视为具有结构化的系统形态,着重于分析高等教育质量的全部因素,并将这些因素按照不同的性质、功能、作用方式等加以结构化、序列化,人为构造成一种可观测、可分析、可统计、可量化、可操作和可控制的管理系统。教学质量保障体系涉及高校办学的方方面面,需要人力、财力、物力保障,需要软硬件协调共进。对教学质量的影响不是单个要素在起作用,而是多个要素共同起作用的结果,是一项复杂的系统工程,既涉及教师、学生、行政管理人员等,又涉及教学资源、教学场地、教学设施等。因此,在构建教学质量保障体系时应采用系统分析方法,对整个体系的对象、内容、方法、过程、机构、标准等进行有机整合,形成一个开放有机的整体,以便有效监控。地方院校应遵循人才培养规律,将本科教学质量保障体系覆盖人才培养的全过程。为此,要把学校作为一个有机整体,对人才培养的各个环节、各个要素、各个方面进行全面规划和系统设计,建立科学有效的运行管理机制。

(三)全员性原则

人才培养是高校的基本任务,教学工作是高校的中心工作,教学质量保障体系离不开高校全体师生员工的共同努力。因此,要充分调动全校师生员工的积极性和主动性,形成人人关心、全员参与的局面,保障和提升教学质量。构建本科教学质量保障体系是一项系统工程,不是一两名工作人员就能够完成的,需要群策群力、广泛征求校内外专家、师生等意见。本科教学质量保障体系建设应充分发挥"教"与"学"两个方面的积极性,使教学工作各项措施落到实处并充满活力。尊重教师的劳动和创造,积极听取教师在教学质量建设和评价方面的意见和建议,不能简单地把质量保障视为对教师教学工作的管理。教和学是两个相对独立的个体,教和学的主体一个是老师,一个是学生,只有理解和尊重两个特定主体并尽一切努力充分调动他们的积极性和主动性,才能使教学质量监控得以实施。大学作为学术组织,专家学者的参与尤为重要,这是决定质量保障本身合理性的关键。高校本科教学质量保障体系的构建过程实际上是一个达成共识的过程,这一过程甚至和保障体系本身同样重要。从某种意义上讲,质量标准的好坏不仅体现在其科学性上,也体现在其被接受的程度上,一个标准体系即使再科学,如果得不到广泛的认可,它也起不到提升质量的作用。

教育部本科教学工作审核评估特别注重教师和学生对教学工作的评价,注重学生学习效果和教学资源使用效率的评价,注重用人单位对人才培养质量的评价,审核评估重点观测的"五个度"也明确提出要重点考察"学生及用人单位的满意度"。如《中国本科医学教育标准——临床医学专业(2016版)》明确提出必须有教师、学生和行政管理部门人员等校内利益相关方参与教育监督与评价,鼓励校外利益相关方参与对课程计划的监督与评价,了解评估的结果;征询校外利益相关方对毕业生质量、课程计划的反馈意见。并对校外利益相关方范围进行了界定。由此可见,审核评估与临床医学专业认证皆将质量监控主体由行政部门及人员,向以学生、教师、用人单位等为主要代表的利益相关方进行拓展,对监控主体的多样性提出了明确要求。再如《工程教育认证通用标准解读及使用指南》(2020版,试行)中指出"建立教学过程质量监控机制"。"建立毕业生跟踪反馈机制以及有高等教育系统以外有关各方参与的社会评价机制"。

(四)全程性原则

教学质量是在教学实施的全过程形成的,教学质量保障是一项长期的系统工程,必须贯穿人才培养的全过程。教学工作是学校的中心工作,教学质量则是在教学活动实施过程中形成的,高校教学质量保障体系应力求做到全程,即指对本科教学工作的全面保障,对教师教学工作、学生学习全过程的监控,重点突出过程监控。如对教师的督导不仅要关注教师课堂授课情况,还应进一步强化对教师的指导,帮助教师改进教学方法与手段,提升教师的教学技能和专业素养。同时,对学生从入学到毕业期间的每个培养环节进行检查、督促和指导。此外还需注重学生知识、能力、素质的协调发展,注重学生实践能力、批判性思维、创新创业能力以及职业道德水平等各方面能力的提高。

(五)标准性原则

标准是衡量事物的准则,是评价的基准和尺度。标准具有共识性、规范性、权威性、分类性、主体性等特点。共识性是指标准要得到大家的共同认可和接受;规范性是指指标的内容、形态的规范和标准的制定程序是规范的;权威性是指标准由利益相关者及关注它的各方面代表和专家共同制定,由公认机构批准颁布;分类性是指标准应在特定的类型、类别内推行,不同类型、不同类别应有不同的标准;主体性有两层含义,一是标准的制定取决于标准制定者的价值观念和价值判断,标准的制定者不同,所制定的标准也就不同。二是标准在运用过程中,由于每一个个体的价值观念和价值判断不同,他们对标准的理解也会有所不同。不同类型的高校要根据自身办学实际和本科教学现状与发展定位,构建适合本校特点的本科教学质量保障体系。不同类型高校由于办学定位、人才培养目标和人才培养规格的不同,其教学质量的标准应该不同,因此相应的本科教学质量保障体系也应该有所不同。同一类型高校在不同的发展阶段,由于学校办学规模的不同,学生数量的不同、来源的不同、学生的个性发展要求不同,教学资源的不同,师资水平的不同等,也应该有不同的教学质量标准,形成不同的教学质量保障体系。

(六)可操作性原则

教学质量保障体系具有很强的目的性和功能性,是保证人才培养质量的一项重要举措。因此在构建教学质量保障体系时,一定要充分考虑其可操作性。首先,校内各单位应职责清晰,分工明确。目前,地方院校实行的是自上而下的分级管理,职能部门、院系、教研室等各单位在教学质量管理工作中,应明确自身的岗位职责与工作范畴,切实做好职责范围内的工作。其次,进一步规范质量管理制度。出台的规章制度必须清晰明了、通俗易懂、叙述简洁、便于操作。再次,在构建体系时要考虑广大师生的接受程度,确保评价指标层次简单、重点突出。最后,构建教学质量保障体系时,应引进现代高等教育理念,注意与时俱进,针对新形势、新问题不断更新修订相关管理制度,立足学校基础与现状,构建适合本校实际、特色鲜明的教学质量保障体系。建立完备、可操作性的规章制度并严格执行,有利于地方院校规范程序、科学管理、依章办事,从程序与规范方面保障教学质量,真正发挥其制度保障作用。此外,为保证本科教学质量保障体系的有效实施,必须要有足够的时间、人力、物力和财力。

(七)持续性原则

我国本科教育教学质量应着重发挥评估的诊断改进功能,用有效评估来引导高校发现问题,自主进行教学改革,促进学生投入到教育教学活动中,最终实现学生教育经验的丰富和能力素质的提高。质量不是静态不变的,它是变化的、发展的,随着时间不同、地点不同、对象不同而变化和发展,还会随着社会的变化、科技的进步而变化和发展。高等教育质量是一个发展性的概念,随着高等教育的发展,高等教育质量也在不断地变化和发展。教学质量是以螺旋上升的态势不断发展,本科教学质量保障体系就是要对影响教学质量的各个环节进行监控,针对存在的问题要及时改进,使得影响本科教学质量的各个环节和因素都处于受控状态。

持续性原则是指在构建本科教学质量保障体系时要始终贯彻持续改进理念。社会对人才培养质量内涵的追求会随时间的推移而变化,这就要求我们在构建和健全教学质量保障机制时,从持续提高教学质量的发展观出发,适时、适度地对教学管理工作做出改进,把握好不断变化的教学质量标准,以确保质量保障机制的完整性、适应性和先进性。这既是学校教学不断根据社会需求调整规范及完善自己的需要,又是教学质量保障体系主动适应学校不同发展时期的需要。地方院校本科教学质量保障体系强调的是有目的、有计划、持续地进行质量改进,其实质上是一种持续动态性的教学质量管理过程。应根据社会、行业及个人发展的需要,坚持教学质量的自我修正、持续改进,实现闭环管理。这就要求在质量管理过程中,使影响质量生成的所有要素,包括人员、条件、运行、管理等,始终处于监控之中,并形成信息反馈与改进机制,不断发现问题,改进质量,从而实现不断提高教育质量的目的。

二、以学生为中心的地方院校本科教学质量保障体系构建

美国学者弗雷泽认为:高等教育的质量首先是指学生的发展质量,即学生在整个学习历程中所学的"东西"(所知、所能做的及其态度)。学生在认知、技能、态度等方面的收益是衡量高等教育质量的核心标准。可见,学生的学习、成长与发展是高等教育质量的核心要素,是评价高等教育质量的根本。社会衡量和评价一所大学优劣的基本标准,主要是看其所培养人才的数量和质量以及人才现实的创造力和潜在的发展力。特别是在市场经济条件下,伴随着我国高等教育的跨越发展,大学要从学生学习的需要出发,尊重学生学习的需求并置学生的学习于整个管理体系的中心地位,从学生的入学到学生的毕业,全程为学生提供最优质的学习服务,最大限度地满足学生学习的需要,这也正是对高等教育发展规律、市场经济规律和大学生身心发展规律的根本把握和具体体现。因此,要想建立"以学生为中心"的教学质量保障体系,势必应该全程跟踪学生在整个教学过程中的发展情况,评价学生学习效果,了解学生学习体验,以学生视角的评价和信息,反思和改进学校本科教学管理工作。从质量管理角度看,高校教学质量管理系统规模巨大、涉及面广、参与者众多,系统管理和全面质量管理是最好也最有效的质量管理方法。美国高校本科教学质量保障体系深受系统管理和全面质量管理思想的影响。前者主要表现在对整个体系的系统设计和系统管理,使得整个系统各部分得以在统一目标下相互协调,统一发力。后者强调所有环节、全流程的全员参与式管理。对大学教

学质量这样的复杂系统进行管理,采用全面质量管理模式确实是最好的管理模式。本研究试图借鉴美国高校本科教学质量保障体系,以系统管理和全面质量管理理论为指导,构建以学生为中心的立体化、全方位、广协同的地方院校本科教学质量保障体系(图7-1)。需要指出的是,社会对高校人才培养的期望是不断变化的,决定了本科教学及教学质量具有动态性特征,这就要求高校本科教学质量保障体系应适时修订、调整、完善,从而满足学校不同办学阶段的管理实际和发展需要。一方面,高校应根据经济社会发展需求定期修订专业人才培养目标和方案,以便更好地适应变化的经济社会发展需求,顺应高等教育发展趋势;另一方面,应根据人才培养规格调整情况及时优化质量保障体系,既要结合人才培养目标方案修订情况定期更新教学环节质量标准,也要及时引入质量保障的新思想、新理念和新方法,确保质量保障体系与时俱进。

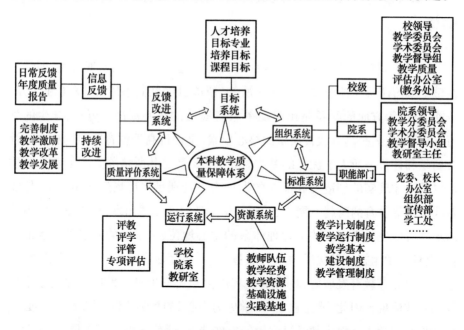

图7-1 以学生为中心的地方院校本科教学质量保障体系框架

(一)坚持"以学生为中心"的办学理念

一所大学的办学理念决定着学校的顶层设计,从根源上影响着学校的教学质量保障工作。1998年,联合国教科文组织在《世界高等教育大会宣言》中指出:"在当今日新月异的世界,高等教育显然需要'以学生为中心'的新视角和新模式。"自此,以学生为中心的教育思想开始被广泛推崇,引起了一场场深刻的教育变革。高校的中心工作是人才培养,而审核评估考察的5个维度,即人才培养效果与培养目标的达成度、与社会需求的适应度、教师和教学资源的保障度、质量保障体系运行的有效度和学生与用人单位的满意度,无一不是围绕着学生而进行考量,这充分说明了学校工作以学生为中心的客观要求。以学生为中心是国际高等教育变革发展的必然趋势。教育部陈宝生部长在2018年新时代全国高等学校本科教育工作会议上明确指出:把人才培养的质量和效果作为检验一切工作的根本标准。学生是高校人才培养的对象,学生的培养质量决定着高校办学水平的高低。地方院校应改变传统的以"教"为中心的教育观念,向"以学生为中心"的人才培养理念转变。坚持人才培养的各阶段着力于学生的发展和学习效果,全面提升学生的自主学习和创新能力,提高人才培养质量。

在地方院校本科教学质量保障体系建设中,必须重视作为大学的"产品"及教育服务和教学质量体验者、参与者和体现者的学生在本科教学质量中的主体地位,形成以学生为中心的质量保障理念,真正做到"一切为了学生、为了一切学生、为了学生的一切"。具体来讲:一是要全面强化以学生为中心的办学共识。不仅要在学校顶层设计、制度建设和文化建设上予以体现,还要在学校资源建设和经费投入等方面予以保证。二是要积极探索以学生为中心的教育教学模式,努力推动教学工作从以"教"为中心向以"学"为中心转变,从"教室、教师、教材"老三中心向"学生、学习、学习效果"新三中心转变。教师应提升"学生学习中心"的教学能力,应实现教与学的根本转变:教师的教学内容、教学方法的选择要落脚到学生这一学习的主体,即学生学什么决定着教师教什么、学生如何学决定着教师如何教。三是制定相关制度措施并加大宣传力度,让以学生为中心的质量管理理念深入人心并贯彻落实。四是积极推进全员育人,充分发挥教师在教学过程中的主导作用,落实教学、管理和服务育人,对学生进行全方位和全过程的指导与服务。教师以教书育人为"天职",学校的各职能部门树立为学生服务、为教学服务的责任意识,为学生的成长成才营造一个安全、健康、发展的环境,把对学生的常规管理融入为学生服务当中,最大限度地发挥管理工作、服务工作的育人功能。

(二)制定科学合理的培养目标

培养目标包括人才培养目标、专业培养目标、课程目标等,是高校在人才培养方面所追求的目的,是学校开展教学质量保障工作的主要依据,从一定程度上讲,高校建立教学质量保障体系就是为了实现培养目标。在高等教育内涵式发展背景下,地方院校建立健全本科教学质量保障体系,开展教学质量保障相关工作的依据已经从传统的迎接外部评估、应对上级检查转向学校内部发展需要。正因为如此,制定科学合理的培养目标,准确回答"培养什么样的人"就显得尤为重要。高校要依据学校的办学定位以及国家、社会、用人单位和学生的期望,制定人才培养目标。结合本科各专业的办学实际和发展现状细化人才培养目标,形成专业培养目标。根据课程结构与特点,制定具体的课程目标。同时,高校还应建构明确的教学质量保障目标。

(三)健全教学质量管理组织机构

地方院校应遵循教学规律和人才培养过程,建立健全由校级、院系级、职能部门构成的三类教学质量管理组织体系。

校级组织机构由学校党委常委会、校长办公会、教学委员会、学术委员会、校教学督导组、教学质量评估办公室(或教务处)等共同构成,负责学校教学质量管理工作顶层设计,全面领导学校教学质量保障工作的开展。其主要任务是以国家、社会、市场、相关利益者需求为导向,以学生为中心,根据学校办学定位,客观确定学校人才培养目标、人才培养模式等顶层规划设计的重大问题。

院系组织机构由院系领导、教学分委员会、学术分委员会、教学督导小组、教研室主任等共同构成,负责执行学校教学质量管理相关工作,全面领导院系的教学与质量保障工作的开展。院系需要以学校整体性的本科人才培养目标为引领,确定各专业人才培养目标以及课程目标。职能部门按照职能划分,对教学质量管理起到应有的作用。教务处起教学管理的主导作用,校长办公室负责协调部门之间的工作,宣传部负责质量文化宣传,组织部负责高层次人才引进,学工处负责学生教育活动和学生日常管理,校团委负责第二课堂建设与管理,财务处负责经费保障,人事处负责师资队伍建设,科研处负责师资学术水平保障,后勤处做好教学场地、设施的维护维修,图书馆保障图书及电子资源等。职能部门之间既分工明确,又协作联动。例如,教学质量评估办公室与学生处、团委及院系联动,实现学生学习成效、毕业要求达成情况评价、毕业生反馈信息等数据共享,针对学生学习过程出现的问题,采取切实可行的措施加强学风建设,使得每个学生都有实实在在的获得感,提高学习成效。三类教学质量管理组织履行教学质量的决策、执行、保障、评价等职责,各司其职、协调推进,为本科教学质量管理以及本科教学质量保障体系的运行提供了组织保障。鉴于"管办评"分离的原则,建议在高校内部设置专门的"教学质量评估中心"或"教学质量监控中心"等质保机构,以进行教学质量监控与管理,更有利于高校内部质量保障体系建设。设立专门的教学质量保障机构能够从整体上协调全校教学质量保障工作,能够实现对质量保障工作进行深入研究,建立相对系统化、个性化的教学质量保障体系。同时,如能将教学质量监控职能与教师发展工作职能进行整合,成立如教育评价与教师发展中心,就能将诊断、评价、监控、改进最终落实到教师终端,落实到教学一线。

有了相对健全的教学质量管理组织机构,还需要建立科学、合理的教学质量管理程序。教学质量管理和服务需要依靠大学的最高管理层来推动。最好能够根据外部教学质量保障的要求和院校教学工作的定位,形成院校内部教学评价和管理计划。从学校、院系、教研室、职能部门到教师,均需对教学质量保障工作给予充分重视。只有通过科学的管理程序,将二级学院、系部、教师、行政人员和学生聚合在一起,才能在管理过程中形成制度化和习惯化,才能真正实现对学生学习体验和学习成果的关注。

(四)建立多元化的评估主体

如前所述,高校本科教学质量保障体系的构建与运行是一项系统工程,教学质量保障工作必须取得绝大多数人的支持、关心和参与才能取得成效。无论是以行政权力为核心机制运行的,强化教学监控、教学规范化建设的教学质量保障体系,还是以学术发展和行政管理为双中心机制运作的,强调可持续发展的教学质量保障体系,只要能够获得绝大多数师生员工的理解、支持、参与,就能够充分获得发展的动力,消解发展的阻力,实现教学质量保障的目标。本科教学质量管理的利益相关者涉及学校领导、各职能部门及院系管理人员、教师、学生、家长、校友、毕业生、用人单位等。基于全面质量管理理论的视角,上述所有利益相关者都是责任主体,都必须参与教学质量的全部产生过程,都要对本科教学质量保障负责。多元化的评估主体可以从多个不同的角度评价学生的学习效果,更能体现"以学生为中心"的理念。要实现高校教学质量评估主体的多元化,在关注教师、学生及行政管理人员主体地位的同时,亦应关注毕业生、用人单位等非校内人员在教学质量评价中的主体作用。一方面,应大力鼓励与吸纳政府、企业、家长、社会、第三方机构等外部主体加入教学质量保障体系构建;另一方面,应增大教师、学生等内部核心利益相关者等主体参与教学质量保障的改进。当然,各评估主体的身份角色也存在多元转换的现象。例如,学生既是质量的生产者,又是消费者;既是评课、评教中的评价者,又是学习成果评价中的被评价者(自评、他评);既是质量标准制定的参与者,又是标准运用的践行者;教师和学生的角色也在不断转换,互相监督,相互促进,共同进步。

　　学生是高等教育最重要最直接的利益相关者,却恰恰是最容易被忽视的,他们能够结合切身学习经历来评估高校的教育教学质量,因此,学生作为教育评估的主体之一是非常必要的。深刻理解教学质量生成的一个显著特点就在于它要"持续不断地依赖于学生参与教学的意愿",教学质量管理需要做的是通过教学和管理服务,促进学生在教学中的主动参与,从而提供丰富的学习成果作为质量证据,来证明院校持续不断地通过全员参与努力提升教学质量。传统的本科教学质量保障体系往往强调学校教学管理层面或教学督导"督"和"导"的监管,而忽略了学生在其中所应发挥的主体作用。在高校教学质量保障体系的评价系统构建过程中,在具体的教学评价模式和指标的设计上,要明确学生参与教学评价的权利与义务,使学生对教学评价具有充分的参与权。学生参与的评价不应仅限于教师教学环节,还应涵盖教学管理环节,评价对象不仅关涉到教学和管理方,还应包括参与评价的学生自身。通过各类教学评价与调查、组织各类学生座谈、吸引学生组织参与教学质量保障管理等多种方式提高学生参与教学质量保障的积极性和主动性,真正发挥学生在教育教学中的主体地位和作用。

(五)建立系统规范的质量标准

　　质量是教育的生命线,质量是永恒的主题,这是教育界所有人士的共识,高等教育也不例外。质量问题并非教育和大学所独有,但质量标准的认定与评价却唯独教育最难。质量标准由一系列教学相关管理制度构成,以确保教学工作的各个环节均有序开展,使教学管理制度化、科学化,使本科教学各环节质量控制有章可循,有据可依,切实提升教学工作的规范性和有效性。在学校层面,需要不断完善专业人才培养和各教学环节的教学管理与教学质量管理规范,建立专业建设标准、课程建设标准、实践教学标准等相关制度。而在院系层面,需从本专业自身特点和发展现状与趋势出发,结合社会对专业人才培养的需求,制定本专业、课程的相关质量标准。质量标准的制定依据来源于质量目标,而质量目标是否达成需要根据质量标准来衡量。从利益相关者的角度出发,地方政府、高校、用人单位、学生、家长以及教师之间的利益诉求往往并不一致,这就要求质量标准的制定必须多元考虑,既要与国内外较高质量标准接轨,又要充分考虑不同利益相关者的需求,以及学校的现实基础。相关制度的制定依据除了依据上级文件精神贯彻执行外,有的则是学校内生的,契合学校发展需求的制度,如教学绩效考核制度,师资培养制度等。在制度创新的实践过程中,高校内部的各相关利益人都会对改革方案、改革方法进行估量,特别是对教学质量建设这样一种合目的性的认识与实践活动,涉及的每个人不会在目的上去否定它,更多的是在手段、方法、过程中去进行博弈,这是一种正常现象。只有达成思想共识,改革对于学校的震荡才能有效消解,才能使改革的过程平稳有序。

(六)明确教学质量监控的内容与方式

本科教学质量监控内容一般包括:教学常规管理工作、教师教学过程监控、学生学习与发展过程监控、资源与条件保障、教学计划落实的过程控制、教风与学风建设机制、教学检查的落实等。在监控方式上应做到"两结合",内部监督与外部监督,定期监督与不定期监督相结合。内部监督即高校开展的自我检查,包括教师教学过程管理、教学计划落实情况控制、课程考试考核控制、毕业论文(设计)控制等。外部监督即校外责任主体(毕业生、家长、用人单位、校友、产业行业专家等)对教学质量的监督和评估,采用多视角(不同利益主体)评价、多节点(各个教学环节)监控、多阶段(课前、课中、课后或入学前、在校期间、毕业后)跟踪的教学质量监控与评估方式,例如毕业生、校友、用人单位满意度调查等,同时将质量评估从校内拓展到校外,例如专业国际认证、教育部院校评估等校外评估。定期监督即高校开展的全校性教学质量监控工作,包括本科教学基本状态数据采集、教师教学业绩考核、在校生满意度调查等。不定期监督即学校开展的非常规教学质量监控工作,如专业评估、毕业生教学满意度调查等。

"以学生为中心"的理念要求,高校要建立覆盖学生发展全过程的教学质量保障监控点。"以学生为中心"的教学质量保障体系监控点的确立应围绕学生发展各环节,以人才培养为核心,以课堂教学、实习实训、毕业设计为重点,突出关注学习效果和学习体验。质量监控工作应当以学生发展为主线,涵盖学生从入学到毕业的输入输出全过程,突出对学生学习效果的关注。

高校可结合学校本科教学实际,开展基于学生发展的教学质量环节重点监控。一是以课堂教学为主开展教学过程质量监控。在课程开设前,通过实施新开课程审批制度、新教师教学准入制度,严把课程设置和教师教学入口;通过学生选课制度,根据学生选课及评价结果,淘汰"水课"。在课程教学过程中,应在传统的学生期末评教形式基础上,逐步推广实施学生随堂评教,便于学生随时评价并保证评价结果及时反馈给授课教师,帮助教师及时改进,提高课堂教学质量。在课程结束后,学校可通过抽查的形式对课堂试卷、学生成绩等进行评估检查和统计分析,关注学生学习质量,促进课堂教学质量改进。二是开展学生在校学习及发展情况评价。学情跟踪调查是通过构建学生视角的"教学投入—教与学过程—学业成果"的考察体系来评价高校人才培养效果的有效工具之一。该调查可通过分析与学生发展及其学业成果相关联的要素,如学生个体特征、学生的学习动机、学习习惯、学生参与、师生/同伴互动等,分年级构建评价指标体系。学校通过调查及时掌握学生学情数据,并对学生的学习效果进行有效分析,进而确保学校真正能够"以学生为中心",提升办学质量。

(七)采用适宜的评价方式

高校本科教学质量评价体系由内部评价及外部评价共同构成。高校开展的内部评价一般包括年度学校(学院)本科教学质量报告、年度就业质量报告、年度本科教学状态数据常态监测、年度教师课堂教学评价报告、专业评价、课程评价、教材评价、教学基地评价、学生学习状况评价、毕业生质量评价等。外部评价包括上级教育行政主管部门开展的评价活动,如教育部本科教学工作水平评估、本科教学工作审核评估、专业认证等。

对于学生学习成果的评价一般包括:学生发展过程控制、学生学习经历调查、学生学习成果与毕业要求匹配度调查、学生综合素质测评等。在评价内容上,应更加关注智力因素(如学生记忆等认知能力)以外的非智力因素在学生发展中的地位,如情感、态度、价值观、与人合作的能力、参与社会活动的能力等。在评价方式上,采用课程嵌入式评价、档案袋评价、表现性评价等新型评价方式。在评价指标体系的设计上,一定要与本科培养体系的要素相契合,应基于对本科培养体系与人才培养全过程的全面科学分析,提炼关键性的综合指标。

在质量评价的具体实施上,在校内,可以通过学生评教、评专业、评课程、评管理的调查问卷或量表以及线上线下的访谈、座谈会和讨论会等方式,或者通过类似"建议箱""抱怨系统"的匿名方式,从学生角度了解教师教学、课堂教学、课程设置、课程体系结构、专业建设情况,以及学生对学校本科教学及管理工作的意见和建议;通过听课、看课、查阅教学文档以及线上线下的访谈、座谈会和讨论会等方式,从教学督导或同行教师角度了解教师教学情况,以及教师对学校本科教学及管理工作的意见和建议;通过调查问卷以及线上线下的访谈、座谈会和讨论会等方式,了解教学管理人员对学校本科教学及管理工作的意见和建议。就校外而言,通过定期或不定期召开校友会、家长会,以及邀请校外用人单位代表、产业行业专家参加的教学研讨会,教学委员会会议,了解校外利益相关者对学校本科教学的建议。此外,高校应高度重视和切实加强信息基础设施的建设以及现代信息技术的应用,尤其要充分利用现代信息技术手段,研制开发并利用好教学基本状态数据库或监测平台,发挥其在教学状态常态监控和趋势分析以及自我诊断中的作用,不断提高学校质量保障活动的水平。

(八)建立高效的质量保障运行机制

地方院校本科教学质量保障工作实效性强、涉及面广,必须通过建立有效的运行机制保证体系的顺利运行。按照全面质量管理理论,学校应构建"计划—执行—检查—处理"的 PDCA 管理循环,推动教学质量持续改进质量管理流程是使质量达到要求而形成的一个输入转化为输出的过程链,是本科教学质量管理工作得以持续、闭合、循环运转的关键。PDCA 循环能清晰反映质量计划的制定和组织执行的过程,这个过程周而复始地运行,突出质量持续改进。据此,高校可聚焦整个教学过程中的质量控制关键点,如课堂教学、实践教学、课程成绩评定、课程评估等方面,构建若干个 PDCA 循环。高校应建立学校、院系、教研室三级监控与运行机制,保证质量决策在学校、院系、教研室三个层面层层推进和落实;建立全校一盘棋的多方联动机制,形成本科教育教学工作协调配合的良好局面。

(九)建立教学条件和教学投入保障机制

保障机制建设要从以往更多关注质量结果转向更加重视质量形成的全过程,从分割的质量控制措施转到系统、全面的质量管理。一方面,要建立教学条件保障机制。学校的教学质量条件保障体系由各相关职能部门共同构成,从人、财、物等多方面提供保障,如财务处负责教学经费保障、人事处负责师资队伍建设保障、组织部负责高层次人才保障、设备处负责教学设备保障、图书馆提供纸质和电子图书资料保障等。以学生为中心的思想意识具有导向特性,作为一种原则规范,指导教育行为。各类基础设施则是教育理念的具象呈现,可为学生的学习、成长提供保障。另一方面,要建立本科教学投入保障。本科教学投入保障即确保学校职能部门、院系和教研室对本科教学的投入。

(十)完善质量持续改进机制

高等学校通过大量的人力、物力、财力投入加强内部质量保障建设,目的在于推动学校教育质量"持续改进"。强化以人为本的质量管理理念,推动质量保障从技术理性向人文理性的回归。持续改进是高校本科教学质量保障体系构建的根本目标,也是教学质量保障体制机制建设的难点与重点。高校应着力构建"自我检查—自我诊断—自我反馈—自我整改"的质量持续改进机制,更加突出质量反馈和质量改进在高校质量保障体系中的主导作用,整合各种质量评估和质量提升等公共服务,激发高校师生等质量自治主体在自我激励、自我约束、自我改进和自我发展中的主体性作用,推动高校质量保障由控制、问责、规训向赋权、对话、协商等转变,营造积极向上、和谐共融的教学文化,促成师生共同体的健康成长,为教师发展与学生成长保驾护航。

教学质量信息的应用是教学质量保障的重要一环,是教学质量评价结果能够得到运用、推动教学质量不断改进的重要手段。地方院校应建立并不断完善信息公开制度,信息分析结果在平台上对校内外公开,让校内各部门、各院系管理人员,所有教师,以及社会都能清楚地知晓学校的本科教学质量信息。通过公开年度本科教学质量报告、日常反馈(包括专题教学工作会议、教学联席会、意见反馈报告、文件通知)等多种形式,加强教学质量相关信息的反馈。同时,教学质量评价结果应与教师、院系及职能部门考核挂钩,如相关评价结果作为教师个人绩效考核、教师职称晋升、院系综合考评、职能部门年度考评等的主要依据。高校应加强教学质量信息研究,全面分析学校本科教学工作存在的主要问题,为学校顶层对于进一步提高本科教学质量进行决策提供依据,为学校教师培训与发展提供指导依据。要平衡体系各环节的工作力度,重视整改结果,把整改是否到位作为体系是否闭环的质量标准。

第三节　地方院校本科教学质量文化的培育

高等教育本质上是一种文化活动,高等学校本质上是一所文化机构,文化从根本上决定着高校的生存与发展,是高校竞争力的根本体现。质量是高等教育的永恒主题,在当今我国高等教育进入普及化阶段、走内涵式发展的进程中,教学质量文化在高等教育质量保障体系中正发挥着越来越重要的作用,成为高校教育科学与教育管理研究领域新的热点问题。一个真正有效的高等教育质量管理体系的构建必须从质量文化做起,技术也好,标准也好,制度也好,只有在好的质量文化中才可能是有效的。如果说大学内部教学质量保障体系是一个技术体系、指标体系、活动体系、机构体系、制度体系,那么这些体系最终要汇聚为文化体系,这是因为质量的实现更需要在机构内部形成一种质量文化。只有当高校本科教学质量保障成为一种自省自思、自觉自为、共同参与、不断创新的行为,由外控式转向内发式时,高校的教学质量才能得以保证。质量保障从制度建设走向文化建设,既是适应高等教育变革的要求,也是质量保障体系建设不断完善和持续发展的要求。同时,教学质量保障体系的运行与持续改进,既是其自身发展与成长的过程,也是在行动研究中不断进行反思与改进的过程,并且在反思与改进的过程中不断进行文化的创生,二者是相互影响、相互支持和互为促进的。

教育部部长陈宝生在教育部直属高校工作咨询委员会第二十七次全体会议上的讲话中强调"要建立持续改进的大学质量文化",指出"质量文化是高校提高质量最持久、最深沉的力量,要将质量要求内化为高校师生的共同价值追求和自觉行为,成为高校提升质量的内驱力"。2018年教育部印发的《教育部关于加快建设高水平本科教育全面提高人才培养能力的意见》提出:"加强大学质量文化建设,将建设质量文化内化为全校师生的共同价值追求和自觉行为,形成以提高人才培养水平为核心的质量文化。"质量文化作为一种内在的无形的强大的文化力,可以形成聚焦人才培养质量提升的价值观念、道德规范和行为方式,是提高人才培养质量最根本、最深沉、最有力、最持久的方式。因此,在教育教学质量被高度重视的当下,如何充分发挥高校质量文化的作用,切实做好高等教育质量保障体系建设以及质量文化自身的推广和发展,对实现我国高等教育事业从"大"到"强"具有战略意义。高校质量文化可大致分为物质文化、行为文化、制度文化和精神文化4个层次。高校质量文化的培育应是理念、物质、行为、制度、精神等不断互动生成的动态过程。地方院校构建以学生学习为中心的大学质量文化需要从以上各层面整体推进,形成系统范式。

一、强化质量文化意识

转变教育观念是高校可持续发展的重要先导,而树立富有时代内涵的质量观是关键。只有在先进理念基础上形成的质量文化观,才能产生学校全体成员主动的质量管理行为,成为持续提升高校教学质量的可靠保证,实现人才培养质量的持续提高。质量文化理念能否在大学落地生根、枝繁叶茂,成为教育质量持续改进的核心驱动力,还取决于高校本身。地方院校应通过定期或不定期开展全校性的教育思想观念大讨论,统一思想,提高认识,并通过讲座、会议、交流、培训、宣传等多途径宣传质量意识,加强质量教育,形成人人心中有质量意识并付诸行动。要从满足教师需求为焦点转向服务学生为焦点,即树立以学生为中心的高等教育质量文化理念,变传统的自上而下的质量保障管理为自下而上的高校质量文化建设,注重外部化管理与高校自我管理并重,使提升高等教育质量成为高校系统内全体成员的共同理解和文化观念。从教师、学生、管理者3种角色入手,加强教师"教"的质量观、学生"学"的质量观和管理者"管理"质量观的培育,形成全覆盖的质量文化活动。

二、构建以人为本的物质文化

物质文化是以静态的物的形态展现大学的质量,它主要包含两类:一类是保障大学教与学的活动有效开展的建筑、设备及公共设施等；另一类是以文字、图标等对大学组织高度概括的标识系统。物质文化诠释了高校的办学理念和质量追求,对内化全体师生员工的质量意识,强化质量行为起着重要的提示作用。在物质文化的构建上,应体现以人为本、服务教学、服务师生,营造和谐的育人环境。这就要求高校在物质的规划、储备和建设过程中,要有利于教师教学和科研活动,有利于学生的学习,有利于教师之间、师生之间及生生之间的活动交流等。物质文化的构建除了实用功能,还应该包含质量哲学的思考、质量价值的追求、质量人文的关怀等文化底蕴。

三、构建自纠自醒的行为文化

在人们的习惯认识中,往往更愿意谈论大学精神文化,而忽视了实践过程中的行为文化,即在所拥有的理想、信念、行为准则之下的行事方式,导致了人们在学校文化认识上的偏差,从而表现出了学校文化的二重性,即实际行为与学校文化的脱节。高校有着学校领导、行政管理人员、教师、学生等不同的群体,由于其职责分工、角色不同和活动性质的差异,其行为对大学质量文化的阐释存在着功能上的差别。其一,学校领导居于高校质量文化的核心,其行为是高校质量文化的代表,是全体师生员工的引领者。对于质量文化建设而言,"最重要的是最高管理层必须有质量意识。假如最高管理层都不能表明对质量的重视,下面的人就更不会"。没有什么管理制度能够替代学校领导者的行为示范。高校质量文化的建设需要学校领导拥有明确的质量意识,积极推行学校本位管理、参与式管理,采取民主、合作、分享的质量管理方式,分享权力,鼓励全体成员参与到质量建设中来。行政管理人员既是教学质量文化的倡导者、组织者、推动者、参与者、示范者,也是教育者,需要自纠自醒。其二,教师作为具体教学活动的组织者,其行为对学生有言传身教的感召作用。教师行为文化体现了高校教师的价值观、思想道德和行为规范。具有以学生为中心理念的教师,在教育教学实践中能够体现自然合作的品质,自觉构建科学先进的教学行为方式,允许学生坦诚地表达自己的观点,彼此诚恳地交换意见,在彼此分享互动中相互启发。应进一步提高学生的选择权,建立起师生平等、师生互动、共同探讨、和谐活泼的课堂气氛,从而带动教学的创新性水平,实现学生素质的全面发展和个体潜能的最大限度发挥。其三,大学生学习行为是社会评判大学人才培养质量的重要尺度,是大学精神、校风、学风在学生的生活和学习过程中的具体体现。通过学生行为质量文化建设,让全体学生真正认识到刻苦读书学习是大学生活的第一要务,要明确学习目的,做到求真学问、练真本领,成为国家优秀人才。

四、构建科学民主的制度文化

高校质量制度文化是为实现其质量目标和方针而对师生员工行为提出的规范化与程序化的要求,当制度和章程的内涵被人们内心接受并自觉遵守与维护时,制度便升华为一种规范的具有推动作用的文化。制度是文化生成的保障,没有好的制度,就难以铸就教学质量保障文化。制度涉及高校组织中人的根本利益,许多利益是通过制度进行调配的,对人的行为动机影响很大。制度文化的显性部分是一系列管理制度文本,在大学质量管理中就是针对人、财、物的质量所设定的文本体系。目前,地方院校都建有自己内部的制度体系,但是制度的执行效果却不尽相同。在内涵式发展背景下,地方院校应依法依章有序开展制度"废、改、立"工作,构建科学民主的制度文化,要加强制度执行力,确保制度执行的效果。一方面,高校在教学质量文化建设中,要建立和完善相应的制度体系,使学校的质量管理的理念、制度成为全体师生员工共同遵守的行为准则,让制度措施促进全体师生员工质量意识、行为方式的形成和质量文化的生成。学校应根据自身的实际需要,考虑时间与环境的变化所带来的制度时效性等问题,对已制定的质量制度与规范进行定期或不定期的评估,及时清理、整合与完善,进一步提升质量制度规范的有效性。另一方面,要突出民主科学,坚持管理者、教师、学生在办学治校过程中的平等合作关系,扩大广大师生的知情权、参与权和监督权,让广大师生参与到制度的制定、执行、监督等各项活动中。

五、构建积极向上的精神文化

精神质量文化是学校在长期办学过程中形成的全校师生员工认同和信守的精神文化成果,它潜移默化地影响着师生员工的思想观念、行为习惯和价值取向。一种质量文化的生成需要经历一个整合、认同和创新的过程。地方院校应构建积极向上的精神文化,发挥其育人功能。一方面,通过办学理念、校风校纪、办学传统等对师生员工进行思想意识熏陶;另一方面,通过提升师生员工对质量文化的关注与认识,激发他们的质量管理意识,自觉规范自身行为,树立追求质量的精神目标。为此,地方院校应积极开展质量文化宣传与教育,比如借助学校报刊、广播、宣传栏以及校园网等多种媒介开展系列质量宣传活动,组织开展各种形式、全员参与式的质量文化教育与培训,评选表彰质量标兵和质量模范,引导学校全体成员积极参与到学校质量文化建设中来,不断激发学校成员参与质量工作的积极性和主动性。让学校的质量愿景、质量方针、质量行为准则和规范等逐渐深入人心,营造出一种"人人关心质量、人人追求质量""提高教育质量是学校成员的职责与使命"的良好质量氛围,让质量文化及其核心价值观从口头落实到书面、从理念落实到行动,成为学校广大师生的一种"生活方式"。

附　　录
高校本科课堂教学质量评价调查表

亲爱的同学：

　　您好！

　　课堂是学校培养人才的主渠道，是师生双边流动的连接点。为健全学校课堂教学质量评价体系，为学校的教学管理与改革提供参考，我们设计了此问卷，很想倾听您的意见，希望您能抽出一些时间回答，所有问题没有对错之分，仅代表您的个人观点，数据采取匿名收集，希望您不要有任何顾虑，放心作答。感谢您的信任与支持！

一、基本情况：请选择符合自己实际情况的选项，均为单选。

1. 你的性别（　　）

　　A. 男　　　　　　　　　　B. 女

2. 你现在的年级（　　）

　　A. 大一　　　　　　　　　B. 大二

　　C. 大三　　　　　　　　　D. 大四

　　E. 大五

3. 你就读专业的学科（　　）

　　A. 医学　　　　　　　　　B. 理学

　　C. 工学　　　　　　　　　D. 法学

　　E. 教育学　　　　　　　　F. 文学

　　G. 管理学

4. 你的身份（　　）

　　A. 班级干部　　　　　　　B. 学生教学信息员

　　C. 班干部兼学生教学信息员　D. 以上都不是

二、问卷部分：请选择符合自己实际情况的选项，没有说明的均为单选。

1. 你觉得学生评教有必要吗？
   A. 很有必要　　　　　　　　B. 有必要
   C. 一般　　　　　　　　　　D. 没必要
   E. 很没必要

2. 你主要通过什么途径参与课堂教学评价？
   A. 网络平台　　　　　　　　B. 书面形式
   C. 口头交流　　　　　　　　D. 其他途径

3. 你认为应当采取什么途径参与课堂教学评价？
   A. 评定量表　　　　　　　　B. 集体座谈
   C. 个人访谈　　　　　　　　D. 随机反馈
   E. 其他方式

4. 你认为学生评教有什么作用？（可多选）
   A. 获取学生对课程的满意程度　B. 获取学生对教师的看法
   C. 改进教师的教学水平　　　　D. 促进师生之间的交流
   E. 教师职称晋升、评奖等的依据

5. 你能独立进行课堂教学质量评价吗？
   A. 完全能　　　　　　　　　B. 完全不能
   C. 一般　　　　　　　　　　D. 不能
   E. 不完全能

6. 你对学生评教实施的整个过程了解吗？
   A. 很了解　　　　　　　　　B. 了解
   C. 一般　　　　　　　　　　D. 不了解
   E. 很不了解

7. 你所在学校什么时候开展评教活动？
   A. 期中　　　　　　　　　　B. 期末
   C. 一堂课结束后立刻评教　　D. 一门课结束后立刻评教

8. 你认为在什么时间点进行评教比较合理？
   A. 期中　　　　　　　　　　B. 期末
   C. 一堂课结束后立刻评教　　D. 一门课结束后立刻评教

9. 评教时你所持的态度如何?

　　A. 认真、客观、公正　　　　B. 看心情

　　C. 报复老师　　　　　　　　D. 无所谓

10. 你评教时给出的信息是否真实?

　　A. 全部真实　　　　　　　　B. 部分真实

　　C. 不真实

11. 你会根据对一门课程的喜好程度来评价吗?

　　A. 肯定会　　　　　　　　　B. 可能会

　　C. 不确定　　　　　　　　　D. 不会

12. 你评教时受周围同学的影响吗?

　　A. 肯定会　　　　　　　　　B. 可能会

　　C. 不确定　　　　　　　　　D. 不会

13. 你评教时会考虑自己与老师的亲疏关系吗?

　　A. 肯定会　　　　　　　　　B. 可能会

　　C. 不确定　　　　　　　　　D. 不会

14. 你评教时会考虑教师的职称吗?

　　A. 肯定会　　　　　　　　　B. 可能会

　　C. 不确定　　　　　　　　　D. 不会

15. 你评教时是否会担心如果对教师的评价不高,有些教师可能会"报复"学生,而不敢如实评价吗?

　　A. 肯定会　　　　　　　　　B. 可能会

　　C. 不确定　　　　　　　　　D. 不会

16. 你认为评教对谁更有利?

　　A. 教师　　　　　　　　　　B. 学生

　　C. 学校　　　　　　　　　　D. 评教管理部门

　　E. 都有利　　　　　　　　　F. 没作用

17. 如果你能选择要不要评教,你会选择评教吗?

　　A. 会　　　　　B. 不会　　　　　C. 看心情

18. 你认为本校现行的学生评教效果如何?

　　A. 很好　　　　B. 好　　　　　　C. 一般

　　D. 不好　　　　E. 很不好

19. 你认为目前的评教结果应该以何种形式反馈？

A. 直接反馈给上级部门、院领导

B. 直接反馈给教师本人

C. 将评教结果直接公开

D. 只作为研究或者参考用,不予以反馈

20. 你是否理解学生评教标准的内容？

A. 完全理解　　　　　　　　B. 能够理解

C. 一般　　　　　　　　　　D. 不能理解

E. 完全不理解

21. 你认为下列的教学维度哪些可以作为课堂教学质量评价的标准？（可多选）

A. 教学内容　　　　　　　　B. 教学方法

C. 教学水平　　　　　　　　D. 教学技能

E. 教学效果　　　　　　　　F. 考核办法

G. 教学态度　　　　　　　　H. 教学道德

22. 你为老师打高分的理由？（可多选）

A. 教学能力强　　　　　　　B. 教学内容吸引人

C. 听课轻松,考试易过关　　D. 与自己关系好

E. 测验、作业量少　　　　　F. 其他原因（请写出）

23. 你为老师打低分的理由？（可多选）

A. 要求太严格　　　　　　　B. 教学水平不高

C. 本人对课程不感兴趣　　　D. 测验给分低

E. 被批评过　　　　　　　　F. 其他原因（请写出）

24. 你认为学生评教结果能反映客观实际吗？

A. 完全能　　　　　　　　　B. 完全不能

C. 不确定　　　　　　　　　D. 不能

25. 你认为学生评教会影响师生关系吗？

A. 完全能　　　　　　　　　B. 完全不能

C. 不确定　　　　　　　　　D. 不能

26. 你认为学生评教对教师改进教学、提高教学质量有帮助吗？

A. 很有帮助　　　　　　　　B. 没有帮助

C. 不确定　　　　　　　　D. 有一点帮助

E. 完全没有

27. 你对课堂教学质量评价的结果满意吗？

A. 满意　　　　　　　　　B. 比较满意

C. 一般　　　　　　　　　D. 不太满意

E. 不满意

28. 对我校课堂教学质量评价(学生用)的综合评定见下表。

	非常认可	比较认可	认可	勉强认可	不认可
我认可我校的课堂教学质量评价体系					
我校现有教学评价的指标设计很科学					
我校现有教学评价组织非常合理					
我校现有教学评价结果反馈方式很合理					
我认为现有评教方式应进一步了解学生的需求而做出调整					
我认同教学评价中需要学生自我评价					
我认同教学评价需要动态化而非一次性					
我认同教学评价需根据课程性质门类(理论课、实习课、体育课等)不同而制定不同的考量指标					
我认为课堂教学质量评价需加入访谈或座谈环节					

29. 您认为课堂教学中好老师的标准包括哪些？请对其重要性做出评价，见下表。

	非常重要	重要	一般	不太重要	不重要
老师为人师表,以身作则,在品行上能为我树立榜样					
老师对教学工作投入,让我们愿意投入到课堂学习					
老师遵守学校教学规章和纪律					
老师讲课熟练,深入浅出,清晰易懂					
老师教学方法灵活多样,我们不感到死板					
老师善于组织课堂讨论,我和同学们能积极参与					
老师讲课注重结合实际,能够引入课程相关内容的最新进展					
老师设计的研讨话题或选取的案例能够激发我的兴趣和思考					
老师不仅传授知识,还注重给予我们学习方法上的指导					
老师在授课过程中能够引导和启发我们如何做人做事					
老师注重引导和鼓励我们开展自主学习和合作学习					
老师采取多种方法了解我们的学习状况,注重过程评价(小测验等),能根据我们的反馈对教学内容做出调整					

续表

	非常重要	重要	一般	不太重要	不重要
老师注重纪律管理,课堂气氛活跃而有序					
老师作业批阅认真、评价合理,有效地促进了我的学习					
老师通过答疑、网络等途径及时有效地解答我们的问题					
其他标准请列出					

访谈提纲:

1.您认为开展学生评教是否有必要?为什么?

2.您在(网上)评教时态度如何?

3.哪些因素可能会影响您参与评教的意愿和态度?

4.您对当前学生评教工作有什么意见和建议?

参 考 文 献

[1] 邬大光.高等教育质量意识的涵义与价值——基于《质量报告》的视角[J].高等教育研究,2012,33(2):42-45.

[2] 周光礼.中国大学的战略与规划:理论框架与行动框架[J].大学教育科学,2020(2):10-18.

[3] 吴岩.新时代高等教育面临新形势[N].光明日报,2017-12-19(13).

[4] 汪霞,崔军.本科教学质量保障:大学教学发展中心的建设[J].江苏高教,2013(1):34-37.

[5] 邬大光,李国强.《教育规划纲要》实施五年进展与高等教育未来方向的基本判断——《高等教育第三方评估报告》前言[J].中国高教研究,2016(1):4-10.

[6] 朱欣.高校本科教学质量保障之省思:从制度到文化[J].高教探索,2015(7):73-77.

[7] 方鸿琴.我国高校质量保障体系一般模式构建与质量审计[M].北京:中国社会科学出版社,2013.

[8] 俎媛媛,李亚东.国际高等教育质量保障新动态及中国求变之策[J].高教发展与评估,2019,35(6):1-10.

[9] 安心,张鹏.构建内生型和外发内生型高等教育质量文化[J].中国高等教育,2012(12):42-43.

[10] 张地珂.美国"双轨制"高等教育质量保障体系构建及启示[J].湖北社会科学,2016(2):176-180.

[11] 崔军,汪霞.本科教学质量保障:麻省理工学院的教学促进系统[J].中国高教研究,2013(11):51-56.

[12] 赵炬明,高筱卉.关注学习效果:建设全校统一的教学质量保障体系——美国"以学生为中心"的本科教学改革研究之五[J].高等工程教育研究,2019(3):5-20.

[13] MORI,RIE.日本高等教育质量保障的发展历程[J].孟卫青,译.苏州大学学报(教育科学版),2018(2):60-66.

[14] 王瑞,李继怀."管办评分离"背景下地方本科院校教学质量保障体系优化[J].高教发展与评估,2015(4):104-106.

[15] 陈冬松.地方工科院校内部教学质量保障体系建设研究[J].黑龙江高教研究,2017(10):84-88.

[16] 何啸峰,邬力祥,郭芳.独立学院教学质量保障模式创新与实践[J].中国高等医学教育,2017(1):57-58.

[17] 钱磊,胡荣.独立学院内部教学质量保障体系的构建与实践研究——以苏州大学文正学院为例[J].上海教育评估研究,2019(1):64-68.

[18] 江珩,成协设,肖湘平,等.立足"三学"构建并完善"四位一体"教学质量保障体系[J].中国大学教学,2016(8):65-69.

[19] 吴志强,沈记全,原东方.OBE视角下高校内部教学质量保障体系建设的思考[J].黑龙江教育(高教研究与评估),2020(2):52-54.

[20] 刘明初,彭香萍.地方高校教学质量保障的三维模型与路径选择[J].教育与职业,2015(8):41-43.

[21] 陈以一.高等学校内部教育教学质量保障体系建设的思考——基于同济大学教学质量保证体系的建设与实践[J].中国高教研究,2015(1):51-53.

[22] 贺祖斌.高等教育大众化与质量保障[M].桂林:广西师范大学出版社,2004.

[23] 黄和飞,王斌,段利华.高校本科教学质量内部保障体系的探索与实践[J].高教论坛,2019(10):55-58.

[24] 张宝昌,刘钢,王新民.高校内部教学质量保障体系建设成熟度评价研究[J].现代教育科学,2018(2):37-43.

[25] 计国君,邬大光.构建大数据驱动的内部质量保障体系[J].厦门大学学报(哲学社会科学版),2018(2):53-64.

[26] 赵春鱼,吴华.高校教学质量保障:一个新的分析框架及其检验[J].高校教育管理,2018,12(2):98-107.

[27] 华尔天,高云,吴向明.构建多元开放式本科教学质量保障体系的研究——基于产出导向教育理念的探索[J].中国高教研究,2018(2):64-68.

[28] 徐硕,侯立军.系统论视角下高校教学质量保障体系构建的举措[J].黑龙

江高教研究,2019(3):137-140.

[29] 眭依凡.大学校长的教育理念与治校[M].北京:人民教育出版社,2001.

[30] 陈新忠,李忠云,胡瑞."以学生为中心"的本科教育实践误区及引导原则[J].中国高教研究,2012(11):57-63.

[31] (美)欧阳荣华.教育学[M].北京:中国人民大学出版社,2007.

[32] 刘海燕."以学生为中心的学习":欧洲高等教育教学改革的核心命题[J].教育研究,2017(12):119-128.

[33] BRANDES D,GINNIS P. A Guide to Student Centred Learning[M]. Oxford:Blackwell,1986.

[34] 刘献君.论"以学生为中心"[J].高等教育研究,2012,33(8):1-6.

[35] 杨秀丽,程禹,杨秋实,等."以学生为中心"的教学模式下本科生课堂学习状态实证分析——以黑龙江省三所高校人文社会科学专业为例[J].黑龙江高教研究,2018(11):100-104.

[36] 赵炬明,高筱卉.关于实施"以学生为中心"的本科教学改革的思考[J].中国高教研究,2017(8):36-40.

[37] 洪艺敏.构建"以学生为中心"的本科教学质量标准[J].中国大学教学,2017(10):88-91.

[38] 范笑仙.哲学视角下新时代中国高等教育内涵式发展[J].国家教育行政学院学报,2018(8):15-20.

[39] 李金朝,吴勇."以学生为中心"的教育理念在美国社区学院的落实[J].高教发展与评估,2019,35(4):92-99.

[40] 孙荪.基于"以学生为中心"的高校学业指导体系探究[J].江苏高教,2017(2):70-72.

[41] 陈光磊,杨晓莹.大学教学"以学生为中心"的困境与超越[J].国家教育行政学院学报,2018(12):72-77.

[42] 白逸仙.走向"以学生为中心"的评估模式——以中国《本科教学质量报告》与美国NSSE为比较对象[J].中国高教研究,2014(11):64-68.

[43] 陈光磊,杨晓莹.大学教学"以学生为中心"的现实困境与超越[J].国家教育行政学院学报,2018(12):72-77.

[44] 郭峰,郝广龙,冯春杏."学生学习中心"理念:一流学科建设题中应有之义[J].教育发展研究,2017(7):16-22.

[45]张卓.高校教学质量保障系统研究[J].中国高等教育评估,1998(4):56-57.

[46]黄刚.高等学校教学质量管理系统[M].桂林:广西师范大学出版社,1996.

[47]张欣.我国地方本科院校教学质量保障体系研究[M].青岛:中国海洋大学出版社,2015.

[48]梁忠环.民办高等教育教学质量保障体系研究[M].青岛:中国海洋大学出版社,2012.

[49]陈玉现,代蕊华,杨晓江.高等教育质量保障体系概论[M].北京:北京师范大学出版社,2004.

[50]朱国辉,谢安邦.英国高校内部教育质量保障体系的发展、特征及启示——以牛津大学为例[J].教师教育研究,2011,23(2):66-70.

[51]KAUNO KOLEGIJA. Internal Quality Assurance System and Its Implementation in Kaunas College[J]. The Quality of Higher Education,2007(4):38.

[52]陈玉琨.高等教育质量保障体系概论[M].北京:北京师范大学出版社,2004.

[53]黄福涛.东亚高等教育质量保障的变化与挑战——历史与比较的视角[J].清华大学教育研究,2018(2):1-9.

[54]刘振天.系统·刚性·常态:高等教育内部质量保障体系建设三个关键词[J].中国高教研究,2016(9):12-16.

[55]林杰.问责与改进:高等教育评估与质量保障[M].济南:山东教育出版社,2015.

[56]VEIGA A, AMARAL A. Survey on the implementation of the Bologna process in Portugal[J]. Higher education,2009,57(1):57-69.

[57]刘志林.博洛尼亚进程下欧洲高等教育质量保障体系的研究与反思[J].现代教育管理,2018(9):113-117.

[58]魏丽娜."以学生为中心的学习":欧洲高等教育内部质量管理框架及其思考[J].重庆高教研究,2019,7(3):119-128.

[59]彭安臣,曾洁,赵显通.高校内部教学质量保障体系——价值取向与技术实现[J].复旦教育论坛,2018(1):56-63.

[60]陈玉锟.教育评价学[M].北京:人民教育出版社,2003.

[61] 唐霞. 英国高等教育质量保证体系[M]. 北京:北京师范大学出版社,2012.

[62] 徐赟,马萍. 欧洲大学质量文化建设:实践及启示[J]. 外国教育研究,2017,44(9):3-12.

[63] 张应强. 高等教育质量建设:创新体制机制与培育质量文化[J]. 江苏高教,2017(1):1-6.

[64] REICHERT S, TAUCH C, TRENDS IV. European Universities Implementing Bolagna[R]. Brussels:European Universities Association,2005.

[65] 教育部高等教育教学评估中心. 2014年度中国高等教育质量报告[M]. 北京:教育科学出版社,2016.

[66] 高飞. 欧洲高校质量文化的生成要素[J]. 高教发展与评估,2015,31(5):8-14,54.

[67] 齐艳杰. 高校质量文化建设现状与改进策略——基于"高等教育第三方评估"个案调研[J]. 中国高教研究,2016(3):22-30.

[68] VETTORI O. Examining Quality Culture Part Ⅲ:From Self-reflection to Enhancement[R]. Brussels:European University Association,2012.

[69] 何代钦. 应用型高校质量文化建设研究[J]. 学校党建与思想教育,2016(3):82-83,89.

[70] LIU S Y. Quality Assurance and Institutional Transformation – The Chinese Experience[M]. Singapore:Springer,2016.

[71] 顾晓薇,王青,朱志良,等. 本科教学工作审核评估、合格评估与水平评估[J]. 教育教学论坛,2017(36):14-15.

[72] 张大良. 坚定不移推动高等教育内涵式发展[N]. 中国教育报,2012-12-19(1).

[73] 尹毅,李磊. 审核评估背景下的本科教育教学改革:目标、障碍与路径[J]. 扬州大学学报(高教研究版),2019,23(5):67-71.

[74] 陆根书,贾小娟,李珍艳,等. 改革开放40年来中国本科教学评估的发展历程与基本特征[J]. 西安交通大学学报(社会科学版),2018,38(6):19-29.

[75] 张安富. 本科教学工作审核评估的再认识及持续改进[J]. 高教发展与评估,2018,34(3):18-25.

[76] 教育部高等教育教学评估中心.普通高等学校本科教学工作审核评估工作指南[M].北京:教育科学出版社,2014.

[77] 王红.我国高等教育院校评估——理论与实证[M].北京:教育科学出版社,2016.

[78] 杨延,陈栋.中国本科教学评估制度:历程、经验与前景[J].新疆师范大学学报(哲学社会科学版),2020,41(5):74-81.

[79] 王品品.对"以学生为中心"课堂教学质量评价思想的反思[J].高等教育研究学报,2018,41(3):96-99,115.

[80] 赵作斌,黄红霞.高校课堂教学质量及评价标准新论[J].中国高等教育,2019(8):45-47.

[81] 徐东波.我国高校内部本科教学质量保障体系研究[J].黑龙江高教研究,2020(3):33-38.

[82] 张国琛,彭绪梅,刘俊鹏.高构建以自我评估为核心的高校内部教学质量监控与保障体系的实践探索——以大连海洋大学为例[J].中国高等教育评估,2016(3):43-47.

[83] 李贞刚,王红,陈强.基于PDCA模式的质量保障体系构建[J].高教发展与评估,2018,34(2):32-40,104.

[84] 苏永建.体制化的技术治理与中国高等教育质量保障[J].高等教育研究,2017(3):10-17.

[85] 陈玉琨.高等教育质量保障体系概论[M].北京:北京师范大学出版社,2005.

[86] 张进,杨宁,陈伟建,等.评估视角下高校教学质量保障体系的重构[J].高等工程教育研究,2018(3):137-141.

[87] 吴志强,沈记全,原东方.OBE视角下高校内部教学质量保障体系建设的思考[J].黑龙江教育(高教研究与评估),2020(2):52-54.

[88] 范菁.高校内部教学质量保障体系建设的现状与展望——基于本科审核评估实践的研究[J].中国大学教学,2019(3):48-53.

[89] 方潜生,黄显怀,程家福,等.从审核评估看高校内部教学质量保障体系的完善[J].现代教育管理,2019(11):57-61.

[90] 刘济良.生命教育论[M].北京:中国社会科学出版社,2004.

[91] 刘娜.东北三省重点高校本科教学质量保障体系研究——基于2016年

《本科生教学质量报告》的文本分析[J].黑龙江工业学院学报,2018,18(11):11-13.

[92] 潘懋元.应用型人才培养的理论与实践[M].厦门:厦门大学出版社,2011.

[93] 姚宇华,黄彬,陈想平.高校教学质量保障:困境、新框架与实践检验[J].上海教育评估研究,2019(6):12-16.

[94] 杨彩霞.高校教学质量保障研究——以学生为中心的视角[M].北京:中国社会科学出版社,2019.

[95] 李贞刚,王红,陈强.基于PDCA模式的质量保障体系构建[J].高教发展与评估,2018,34(2):32-40,104.

[96] 周振海,刘佳琦,朱文成.基于TQM理论的教学质量保障体系的构建—以防灾科技学院为例[J].高教探索,2014(3):109-112.

[97] 梁育科,苟灵生,王兴亮.高等学校内部教学质量保障体系研究与实践[M].西安:西安交通大学出版社,2017.

[98] 周光礼.大学校院两级运行的制度逻辑:国际经验与中国探索[J].高等教育研究,2019,40(8):27-35.

[99] 赵玉石,刘亚娜.立德树人——应用型高校质量文化生成的新语境[J].思想政治教育研究,2019(4):130-133.

[100] 严欣平,王光明.地方本科院校教学质量保障研究——以重庆科技学院为例[M].重庆:西南师范大学出版社,2017.

[101] 吕帅.基于审核评估的本科教学质量保障体系建构研究[D].大连:大连理工大学,2016.

[102] 吴志强,沈记全,原东方.OBE视角下高校内部教学质量保障体系建设的思考[J].黑龙江教育(高教研究与评估),2020(2):52-54.

[103] 刘振天.系统·刚性·常态:高等教育内部质量保障体系建设三个关键词[J].中国高教研究,2016(9):12-16.

[104] 刘振天.论"过程主导"的高等教育质量观[J].北京大学教育评论,2013(7):171-180.

[105] 刘进,沈红.教学评价:从"以学生为中心"到"以同行为中心"[J].高等教育研究,2016,37(6):59-67.

[106] 刘强.论我国高校教学质量保障体系价值理念与行为模式的重构[J].江

苏高教,2018(2):12-17.

[107]封海清.追赶型还是差异化:新建本科院校发展战略抉择[J].高校教育管理,2014(3):94-99.

[108]秦琴,周振海.利益相关者视域中的高等教育质量保障[J].高教发展与评估,2018,34(5):1-14,59.

[109]徐铭铭,房小红,赵亚琴."双一流"建设背景下高校教学质量保障体系的思考[J].教育教学论坛,2019(10):3-5.

[110]赵婷婷.高等教育质量评价标准与《质量报告》[J].高等教育研究,2012,33(2):48-51.

[111]刘家明.中国高校去行政化:多元综合主义研究[M].北京:中国社会科学出版社,2014.

[112]刘佳楠.对高等医学院校教学质量保障体系建设的新思考——以"五位一体"本科教学评估制度为视角[J].教育现代化,2019,6(17):45-47.

[113]王明东.基于转型发展的学校内部教学质量保障体系构建[J].河南教育(高教),2014(8):58-60.

[114]陈玉祥.从标准的内涵看我国本科教学质量标准的建立[J].中国高教研究,2007(7):35-36.

[115]李晓靖.构建高校教学质量监控体系的思考[J].中国成人教育,2015(19):142-144.

[116]熊凤,李世伟.高校内部本科教学质量保障体系建设思考[J].高教学刊,2016(11):56-57.

[117]洪晓波.地方应用型本科院校内部教学质量保障机制的优化[J].文教资料,2017(5):175-177.

[118]田昕."以学生为中心"的高校教学质量保障体系构建[J].上海教育评估研究,2020(1):13-17.

[119](美)约瑟夫·朱兰.朱兰质量手册[M].北京:中国人民大学出版社,2003.

[120]刘华东,李贞刚,陈强.审核评估视域下高校教学质量保障体系的完善与重构[J].中国大学教学,2017(11):63-67.

[121]王永斌,蔡中宏,柳德玉.大学生学习方式变革:理念与策略[J].教学研究,2008,31(4):291-295,307.

[122] 李长熙,李建楠.我国高校教学质量管理与提升研究述评——基于2004年到2013年国内264种教育类期刊的分析[J].现代大学教育,2014(6):50-58,113.

[123] 田昕."以学生为中心"的高校教学质量保障体系构建[J].上海教育评估研究,2020(1):13-17.

[124] 李瑞贵.高校"以学生为中心"教育理念的理论意义及实施策略[J].黑龙江高教研究,2009(8):132-134.

[125] 杨向东,崔允漷.课堂评价:促进学生的学习和发展[M].上海:华东师范大学出版社,2012.

[126] 华尔天,高云,吴向明.构建多元开放式本科教学质量保障体系的研究——基于产出导向教育理念的探索[J].中国高教研究,2018(2):64-68.

[127] 杨彩霞,邹晓东.以学生为中心的高校教学质量保障:理念建构与改进策略[J].教育发展研究,2015(3):30-36,44.

[128] 罗燕.中国高校评价的制度分析——兼论"双一流"建设高校评价[J].清华大学教育研究,2017(12):37-44.

[129] 邬智,王德林.加强质量文化建设完善高等教育质量保障体系[J].华南理工大学学报(社会科学版),2010,12(2):80-82.

[130] 薛成龙,邬大光.中国高等教育质量建设命题的国际视野——基于《高等教育第三方评估报告》的分析[J].中国高教研究,2016(3):4-14.

[131] 陈宝生.写好高等教育"奋进之笔"——在教育部直属高校工作咨询委员会第二十七次全体会议上的讲话[J].中国高等教育,2018(2):14-22.

[132] 辛静,杨景锋.高等教育质量文化——大学文化的新语境[J].大学教育,2013(10):17-19.

[133] 王海荣."互联网+"背景下高校质量文化建设框架研究[J].南京工程学院学报(社会科学版),2019,19(2):73-76.

[134] 冯惠敏,郭洪瑞,黄明东.挪威推进高等教育质量文化建设的举措及其启示[J].高等教育研究,2018,39(2):102-109.

[135] 周应中.质量文化培育与生成:高职学校高水平建设的核心路径[J].中国高教研究,2020(3):98-101.

[136] 费振新.大学质量文化特性探析[J].现代教育管理,2011(10):5-8.

[137] 赵中建.学校文化[M].上海:华东师范大学出版社,2004.

[138] 徐立,黄和飞,张悦.地方本科院校质量文化建设思考[J].大理大学学报,2018,3(11):98-102.

[139] 王保星.质量文化与学生参与:新世纪十年英国大学教育质量保障的新思维[J].杭州师范大学学报(社会科学版),2012(1):118-123.

[140] 王姗姗.高校质量文化满意度调查与分析——基于学生的视角[J].江汉大学学报(社会科学版),2016,33(2):109-113.

[141] 蒋友梅.转型期中国大学组织内部质量文化的生成[J].江苏高教,2010(5):54-57.